德州市教育科学规划"十三五"重点课题

让乡村优秀传统文化基因融入师生血液

一所乡村小学的乡土文化课程突围

刘天庆　著

天津出版传媒集团

天津人民出版社

图书在版编目（CIP）数据

让乡村优秀传统文化基因融入师生血液：一所乡村小学的乡土文化课程突围 / 刘天庆著 . —— 天津 : 天津人民出版社 , 2024.5

ISBN 978-7-201-20379-9

Ⅰ . ①让… Ⅱ . ①刘… Ⅲ . ①乡土教育 - 教学研究 - 小学 Ⅳ . ① G623.452

中国国家版本馆 CIP 数据核字（2024）第 076186 号

让乡村优秀传统文化基因融入师生血液：
一所乡村小学的乡土文化课程突围

RANG XIANGCUN YOUXIU CHUANTONG WENHUA JIYIN RONGRU SHISHENG XUEYE：

YISUO XIANGCUN XIAOXUE DE XIANGTU WENHUA KECHENG TUWEI

出　　版	天津人民出版社
出 版 人	刘锦泉
地　　址	天津市和平区西康路 35 号康岳大厦
邮政编码	300051
邮购电话	（022）23332469
电子信箱	reader@tjrmcbs.com

责任编辑　郭晓雪
装帧设计　朝夕文化

印　　刷	武汉鑫佳捷印务有限公司
经　　销	新华书店
开　　本	710mm×1000mm　1/16
印　　张	14.5
字　　数	200 千字
版次印次	2024 年 5 月第 1 版　2024 年 5 月第 1 次印刷
定　　价	72.00 元

自 序

2016 年 7 月 1 日，习近平总书记在中国共产党成立 95 周年大会的讲话中指出："文化自信，是更基础、更广泛、更深厚的自信。在 5000 多年文明发展中孕育的中华优秀传统文化，在党和人民伟大斗争中孕育的革命文化和社会主义先进文化，积淀着中华民族最深层的精神追求，代表着中华民族独特的精神标识。"2020 年 9 月 28 日，习近平总书记在中央政治局第二十三次集中学习时进一步阐释传承和发展中华民族优秀传统文化的重大意义："在历史长河中，中华民族形成了伟大民族精神和优秀传统文化，这是中华民族生生不息、长盛不衰的文化基因，也是实现中华民族伟大复兴的精神力量，要结合新的实际发扬光大。"2022 年 7 月，习近平总书记考察新疆的讲话，进一步强调："中华优秀传统文化教育抓早抓小、久久为功、潜移默化、耳濡目染，有利于夯实传承中华优秀传统文化的根基。"可以说，将中华民族优秀传统文化融入学校教育课程，已经成为实现民族文化自信、实现中华民族伟大复兴的坚强思想政治根基。

2017 年 1 月 25 日，中共中央办公厅 国务院办公厅印发《关于实施中华优秀传统文化传承发展工程的意见》，就如何开展中华民族优秀传统文化进行了"核心思想理念""中华传统美德""中华人文精神"三个方面内容的界定指导，并就教育领域如何开展好优秀传统文化的传承与发展给出了方向性引领，即"围绕立德树人根本任务，遵循学生认知规律和教育教学规律，按照一体化、分学段、有序推进的原则，把中华优秀传统文化全方位融入思想道德教育、文化知识教育、艺术体育教育、社会实践教育各环节，贯穿于启蒙教育、基础教育、职业教育、高等教育、继续教育各领域。"。这些要求也就成为学校结合地域优秀文化课程资源，构建和实施具有地域乡土优秀文化特色的校本课程体系，实现优秀地域文化挖掘、传承与发展，形成文化浸润、课程育人、礼俗教化等过程，建构儿童青少年完善性格、高尚人格、民族品格，实现民族文化自信，助力文化振兴的方向性指导。

2016年9月开始，在任山东省临邑县德平镇中心小学校长期间，在充分调查研究的基础上，我组织全校师生借助德平镇千年历史文化沉淀形成的厚重地域文化资源，以项目化实施方式，建立了以学校教师、地域文化乡贤为指导和引领，以学生为研究实施主题的乡土优秀文化课程体系规划实施实践过程，开发形成了以"五育融合"为引领、包含七个校本课程项目的"乡土德平"校本课程体系，成功申报德州市教育科学规划"十三五"重点课题，相关研究成果在山东省第三期齐鲁名校长培养工程人选届中考核暨线下培训活动中作为优秀现场研究案例进行省级现场展示，先后两次在全省进行经验交流分享，一次在全市进行案例展示。研究过程中形成的成果先后获评"山东省中小学劳动教育优秀典型案例""山东省省级教学成果二等奖""山东省小学校本课程优秀案例"和"德州市基础教育教学成果一等奖"，学校课程建设情况分别在《山东教育》《新班主任》等省级教育刊物刊登，德平镇也因此被确定为山东省教育"强镇筑基"第二批试点乡镇，开启了乡村教育高质量发展的振兴之路。

本书即是对于这段办学历程的一个整体呈现，也是作为德州市教育科学规划"十三五"重点课题《乡村振兴视野下学校课程体系构建实践路径研究》整体成果的全景式梳理与总结，以对在山东省临邑县德平镇中心小学（白麟小学）这段工作经历的一段记录，也是以此书向曾与我一起工作奋斗的德平镇教育工作者、德平镇中心小学全体师生员工和家长表示诚挚的谢意。这些成果的取得，也凝聚了省市县教育系统各级领导和专家的心血付出，在此也向一直以来支持和帮助我们成长的山东省教育厅、省师训干训培训中心、临邑县教育和体育局的领导和老师们表示衷心的感谢，向齐鲁师范学院刘德增副校长为首的导师组的各位敬爱的导师，特别是我的直管导师、山东省乐陵市实验小学教育集团李升勇校长致以崇高的敬意。在本书稿撰写过程中，也多次得到省教科院张斌副院长、曾庆伟副院长、薄存旭副院长、王秀玲主任、山东省基础教育研究中心主任徐洁教授、市教科院韩光举主任、郑飞鹏主任和郑洁主任等领导和专家的指导和帮助，在此一并致谢。

乡土文化里盛开的娇艳之花

记得 2023 年 5 月，我收到一条微信消息：李校长，我是刘天庆，现在北京师范大学学习，我想过去拜访您。

我在办公室等着刘校长，大约一个多小时，刘校长就到了。我们一见如故，开始畅谈自己心中理想的教育，时而也谈及当下教育的一些困惑。其中，我们共同探讨了如何传承中华优秀传统文化以及学校文化和课程建设等热点问题。

暑假期间，应刘校长真诚邀请，我前往其学校为全体教师作了两场讲座，在炎热的夏季，在属于自己的休息日子里，老师们全员参加培训学习，且表现异常热情与投入，给我印象深刻，让我颇受感动。

期间，刘校长与我交流了很多，每句话都没有离开教育，没有离开"如何办好学校，如何帮助教师专业发展，如何开展乡土文化课程"这些话题。刘校长是一名有教育情怀、有责任担当的校长，是一名有立己达人品质、有改革创新勇气的校长，这也许就是一名齐鲁名校长的风骨。我一直期待着刘校长与他的团队所创生的教育成果。

2024 年 4 月 12 日，刘校长发给我他最近撰写的书稿，书名是《让优秀传统文化基因融入师生血液———一所学校的乡土文化课程突围》。我很激动，终于盼到了刘校长他们的实践成果，便迫不及待地阅读起来，这些散发着乡土气息的文字深深地吸引了我。

本书第一章为办学历程。该校的办学历程追溯到道光年间德平县的官学白磷书院，民国新学制的更替，新中国成立后的学校办学文化传承，以及"双基"目标完成后的规范办学，当前义务教育学校均衡化验收后的高质量发展，时间跨度大约180多年。第二章详细阐释了学校的办学理念。既体现了历史传统文化，又对接了党和国家的方针政策，更结合了当地学校的实际。第三章为学校课程。有学校课程改革整体规划，有乡土课程规划纲要、课程育人模式。课程方案遵循国家课程标准，教学具体实施方案设计规范，可操作性强。第四章为教育教学。重点聚焦到教育教学理念体系、教科研方式，尤其介绍了主题教学的模式，令人耳目一新，大开眼界。接下来两章分别是教师队伍建设与学校管理。给我的感觉是紧紧围绕学校课程改革与乡土文化课程特色提升教师的专业素养，以人为本、关怀为先，唤醒教师的专业自觉，激励教师的职业兴趣。学校管理民主科学，全面有序。整本书结构围绕"课程"，浑然一体，逻辑清晰。

上海市课程研究者、上海市教育科学研究院杨四耕教授有这样的观点：课程规划是学校层面的课程实施，因此，学校整体课程规划应该是学校自己的规划，任何个体或组织都不能代替学校主体来做规划。学校整体课程规划源于学校自身的困惑与理想，不同学校之间发展现状不同，不能完全沿用国家与地方的课程计划，也不能照搬其他学校的课程规划模式。学校是课程发展之所，课程规划的目的在于提升学校课程的整体价值，进而解决学校面临的课程问题，促进学校的永续发展。学校课程规划的首要标准在于以学校为本，反映学校的历史传统和适合学校的现实情况。如此，才能真正发挥学校在理想与现实之间的中介作用，保障学校、教师和学生获得适切的课程，保证课程规划存在的价值与意义。

我认为，刘校长和他的团队就是按照这样的思路和使命构架且探索自己学校的教育与课程改革的。尤其让我感到欣慰的是，也是我始终提倡的观念，学校文化建设和课程改革不宜过分追求时尚的东西，而要重视学校所拥有的独特的历史文化、地域文化和本土文化。刘校长和他的团队所实践研究的乡土课程，正是从寻找文化的源头开始做起的，从而让学校的文化和课程有了深深的"根系"。

乡土课程本身就是对中华优秀传统文化的传承，而学校文化贵在传承，在此基础上，那些鲜活的民间文化，会自然化为学校有生命力的特色校本课程。如此，学校会有历史的延续，发展的衔接，在这样学校文化的渲染下，中华优秀传统文化才能一代代的传承、发扬、完善、创新，文化自信方能积极、稳定、深沉、持久。

我期待刘校长及其团队坚持并认真地把这件大好的事情做下去，将重心放在德行教育，其支撑点是礼仪教育、人格教育、担当教育和经典教育，在这些问题上多着力，从根本上提升学生素养。探索出属于自己独特的实践经验，乃至有推广价值的教学成果。

以上所言可能有自己的个人偏见，不足以完整评述该本论著的特点和价值，仅供参考。

是为序。

李志欣

2024 年 4 月 14 日于北京

首都师范大学附属实验学校常务副校长 特级教师 2023 年度中国教育报推动读书十大人物

引 子

○·························

　　山东省德州市临邑县德平镇，一个地处鲁西北腹地、远离临邑县城40公里的偏远乡镇，经历了数千年的文化浸润，今天仍然散发着耀眼的光辉。这里是远古的鬲国名镇，有着先秦治郡的古老、文风兴盛的过往、悠久的历史积淀、名人辈出的辉煌。

　　史料记载，德平镇曾是汉高祖之子刘肥后人的封地，迄今有着2000余年的县治记载。数千年来，汉丞相曹参的陵墓见证着岁月的兴衰，这里走出了"击鼓骂曹"、著述《鹦鹉赋》的汉代名士祢衡，牵系着创作出传唱千古的《游子吟》的唐朝著名诗人孟郊的情思，响彻着时任德平镇监宋代大文学家黄庭坚"桃李春风一杯酒，江湖夜雨一盏灯"的心声；明代柱国名臣、三朝元老葛守礼的御赐"一品荣丰"牌匾依然诉说着往日的辉煌，大书法家郭谌、诚信典范明山宾、"江北活佛"杜臻成为一种活的文化，评书演播家单田芳、著名歌唱家朱明瑛、海外著名外科专家岳长军，承继着现代德平人的骄傲。曾培养出6位进士和数十位举人的白麟书院，仅余的一座讲堂诉说着历史的沧桑。"全国重点镇""山东省孝德康养特色建设小镇"承继着昔日的辉煌。

　　德平镇中心小学，就立基于这样一片神奇的土地上。承载一方文化，实现一种熏陶，让乡村优秀文化的基因融入每一个孩子的血液，营养孩子一生的幸福人生，成为这片土地上每一个教育人崇高的使命。植根于丰厚的人文历史资源之上的学校乡村文化课程体系建设顺势而生。深挖德平千年文化，构建乡村文化课程体系，实践文化传承过程，文化立校，实现乡村学校文化突围，成为德平镇中心小学突破发展瓶颈、实现多元育人的坚定选择。

Contents | 目　录

第三章　学校课程

第四章　教育教学　　　　　　　　　　176

第五章　教师队伍　　　　　　　　　　194

第一章　办学历程

临邑县德平镇中心小学，前身为清道光年间德平县的官学白麟书院，其间经历了光绪年间的"白麟高等小学堂""白麟小学"，民国期间的"县立高等小学校""县立第一小学""县立白麟小学"。建国后又先后更名为"白麟完全小学""德平红卫学校""白麟学校""白麟中学"，1996 年更名为"临邑县德平镇中心小学"。2017 年义务教育学校均衡化验收，学校易址新建，经申请批准，正式更名为"白麟小学"，意在恢复白麟书院的文化传承，实现文脉复兴。

一、书院办学的辉煌

白麟书院的历史最早可以追溯到明末，是地地道道的官学性质，同时又兼具了民间助学的优良传统。白麟书院作为德平镇中心小学的发源地，是德平文风鼎盛、重视人才的重要象征，所以历来被视为德平文脉的重要标志，在德平人的心目中有着举足轻重的地位。

白麟书院在办学历程中，继承了德平书院文化的十条训诫，即"端志向；敦伦纪；慎言动；变气质；勤课读；详讲论；正文体；习古学；端书法；裕经济"，形成了"修身守规；耕读务真；重学开悟；孝德明理"的白麟书院文化。书院教学最主要的内容在于指导学生读书，学生在书院文化的熏陶下，养成独立自主的文化人格。白麟书院还倡导以先圣先贤的道德人品为楷模，陶冶学生的品德，树立教育规范，激发学生的道德使命感及社会责任感，促其见贤思齐。

正是有了这些精神内涵，才培养出了十余位进士和数十位举人，成为德平文化圣地。

二、民国新学制的更替

延至民国，白麟书院不再以书院文化示人，改建为新学制学校，先后经历了"县立高等小学校""县立第一小学""县立白麟小学"等阶段，培养了县内大批优秀小学毕业生，成为远近闻名的优质学校。

三、中华人民共和国成立后的学校办学文化传承

中华人民共和国成立后，先后以"白麟完全小学"、"德平红卫学校"、"白麟学校"，后建立"白麟中学"，由只承担小学教育，扩展至中学生的培养，为当地教育事业发展做出了重大贡献。

四、"双基"目标完成后的规范办学

1996年，为完成义务教育"双基"验收任务，"白麟中学"撤并，小学部并入改扩建的德平镇东关小学，更名为"临邑县德平镇中心小学"，下辖西关、闫家两处村级小学和德平镇东关幼儿园。学校建成后，按照国家二类标准进行整体改造配备，建设为"德州市规范化学校"，全面落实国家办学标准，并通过"警校共建"、科技创新、"点点银行"德育工程和艺体活动社团，全面落实了国家课程方案，逐步进入规范化发展主渠道。

五、义务教育学校均衡化验收后的高质量发展

2016年，为完成义务教育学校均衡化验收任务，德平镇党委政府重新规

划设计，易址新建临邑县德平镇中心小学，按照省定标准于德平镇鲧堤大街建设 24 个教学班的完全小学，并根据省定标准，克服学校地处乡村缺乏暖源的困难，经过反复论证，为学校设计安装了空气源热泵冷暖中央空调机组，在省内首创了乡村无暖源学校集中采暖降温新模式，被各级主流媒体宣传报道。

2017 年 9 月，临邑县德平镇中心小学建成投入使用，为传承白麟书院历史文化，承继德平历史上的耕读传家的传统文风精神，学校积极争取党委政府和上级主管部门支持，将临邑县德平镇中心小学更名为"白麟小学"，并由当地党委政府协调德平籍书画家王占山先生亲自题写校名并进行校勘制作校牌，由刘天庆校长撰写歌词、德平籍军旅音乐人徐辉谱曲，制作了《白麟之歌》和《白麟小学之歌》作为校歌选曲，最后将《白麟小学之歌》确定为白麟小学校歌，并录制为学校主题音乐，由周勇校长设计了象征学校腾飞发展的白麟校徽，由景学青和赵本斌两位同志设计了具有独立版权的具有典型传统文化元素的校服，实现了隐性文化的构建。

2019 年，刘天庆校长被确定为山东省第三期齐鲁名校长培养工程人选，学校的发展再一次提速。在乐陵市实验小学教育集团李升勇总校长和小学三组导师组导师们的指导下，我们对照《义务教育学校管理标准》，采用SWOT 分析法对学校管理实际进行了全面梳理，找出了学校管理发展的优势与不足、困难与机遇，确立了以乡土文化课程体系构建实践为突破口的多元融合、研学一体的乡土文化课程育人模式，实现了乡土教育理念的全面落地。

以临邑县德平镇中心小学（白麟小学）为研究现场，学校成功举办了山东省第三期齐鲁名校暨中期考核和临邑县中小学校长、幼儿园园长全员培训，研究成果在全省进行推广交流，在《新班主任》公开发表，学校乡土文化课程构建实践成果获评山东省基础教育教学成果二等奖，劳动教育实践案例获评山东省中小学劳动教育优秀典型案例，在德州市进行推广交流。

2022 年 5 月，学校工作典型经验材料在山东省乡村振兴工作典型经验交流会上被评为山东省乡村振兴优秀典型经验，学校实现了课程化突围，发展成为省内有影响力的乡村文化课程建设名校，刘天庆校长被德州市评选为"德州乡村之星（乡村教学人才）""德州市教育系统优秀党务工作者"，被推选为市县党代表、县人大代表，并被山东省教育厅推荐为教育部卓越校长领航工程"全国小学骨干校长高级研修班"第120期学员，参加国家级高层次培训培养。

学校承担省级课题3项，14名教师被评选为市县教学能手，德平镇依托白麟小学乡土文化课程建设特色，成功申报获批"山东省教育强镇筑基试点"，临邑县德平镇中心小学作为全镇龙头学校，开始走上学校建设发展快车道。

附：齐鲁名校长培养工程人选届中考核暨线下培训活动节选

（一）齐鲁名校长培养工程人选届中考核现场

2019年4月19日，齐鲁名校长培养工程人选小学三组一行12人齐聚德州市临邑县德平镇白麟小学，开启线下培训暨中期考核。

小学三组线下培训暨临邑县中小学校长全员培训启动仪式在毕诗文主任的主持下拉开帷幕。

王成波副校长作《乡村历史人物开发挖掘路径策略研究》报告

王兰英老师作《乡村民间技艺开发挖掘路径策略研究》报告

刘天庆校长作《让乡村文化的因子融入每个孩子的血液》报告，全面系统地介绍了学校文化课程的实践与探索和实现文化课程构建的人文支撑

　　贾嵘校长用三个关键词"感动——感谢——感染"给予白麟小学高度认可与鼓励，提出"两个一"建议：一个核心——关注学生的需求

　　李升勇校长从"办学方向——办学特色——师生生命成长"三大方面肯定了白麟小学的办学思想

　　杨世臣校长用一个追问引发我们与会者的思考：作为学习者、研究者，我们从白麟小学学到了什么？

刘德增教授淡乡土教育的意义——爱国从爱家开始

（二）活动展示及考察现场

德平大秧歌

德平小米窝头

作为山东省首批地方名小吃，在德平镇已经有序传承了近三百年。据历史记载，早在明朝嘉靖年间，德平清官葛守礼为嘉靖皇帝过寿，特以家乡小米窝头为寿礼呈上。取意为家中钱财空空，以表清廉。嘉靖皇帝品尝后大悦，连声称好。一表窝头做得好，粗粮细做，鲜香可口，二赞葛守礼忠正廉洁，为朝中难得的清官，随招德平一民进宫入御膳房制作小米窝头，从此，德平小米窝头流传至今。

布艺纺

"七丈地，八丈宽，中间坐个女郎官。脚一踏，手一扳，十二个环环都动弹"。这歌谣说的就是农村的老织布机，这种土织布机上面没有一个铁钉，全部是榫卯连接，相当结实耐用。

同学们织布，利用线轴交换控制器把经线巧妙分成两部分，梭子带动横向的纬线从纵线中间穿过，再用梳理板进行梳理，一次又一次反复操作，经线和纬线交织在一起而成为布料。

榫卯

　　古代中国建筑、家具及其他器械的主要结构方式，是在两个构件上采用凹凸部位相结合的一种连接方式。凸出部分叫榫；凹进部分叫卯。其特点是在物件上不使用钉子，利用榫卯加固物件，体现出中国古老的文化和智慧。

绳结

　　指以绳打出的各式各样的"结"。中国结是我国特有的民间手编绳索的装饰结。通过结、穿、绕、缠、编、抽等多种工艺制作而成。如今绳结广泛地应用于我们的生活中，比如各种手链、吊装网、各种固定结、盘扣等等。

四喜丸子

德平经典的传统名菜之一，属于鲁菜菜系。主要用料为猪肉馅、鸡蛋、葱花等。它由四个色、香、味俱佳的肉丸组成，寓人生福、禄、寿、喜四大喜事。常用于喜宴、寿宴等宴席中的压轴菜，以取其吉祥之意。

德平小戏

属于乡土艺术，也称之为民间小戏，在艺术形式上，小戏多用乡音土语，亲切活泼，具有灵活性。小戏的角色一般是旦和丑，"丑"代表农村中的劳动男子，"旦"代表农村妇女，整出戏由旦、丑对唱和表演。

白麟小学农耕文化课程实践基地

坐落在山东省首家家庭农庄——富民农场内，位于临邑县、乐陵市、陵城区、宁津县以及济南市的商河县五县交界处，德平镇白麟小学依托富民农场的巨大优势，开设特色农耕文化实践课程。实践基地占地930000平方米（151亩），建筑面积18000平方米。基地内划分为教育展馆区、劳动实践区、军训运动区、素质拓展区和师生生活区，设有10个教育馆室、120亩生态园、2个运动场、3个拓展中心（训练中心、体能中心、体验中心）。

参观书法室

参观现场掠影

第二章　办学理念

学校办学理念决定了学校的定位，是一个学校生存和发展的灵魂，决定着学校发展的方向和行走的路径。办学理念的确立，既要遵循党和国家提出的立德树人根本任务要求、遵照党的教育方针提出的全面发展的目标任务，又要对自己的学校发展有着清醒的认识和分析。

在对照党的教育方针基础上，经过多次关于《义务教育学校办学标准》的探讨与交流，在乐陵市实验小学教育集团李升勇校长的指导下，我们用SWOT分析法对学校发展的实际进行了针对性分析，最终以丰厚的镇域人文历史资源、师生对本土文化的广泛了解和学校已经开展并初具规模的部分乡土文化社团为发展优势，确立了文化立校、课程突围的学校发展目标导向；以人的生命成长为根基，以全人教育理念为指引，遵循教育常规和学生成长规律、认知发展规律，促进形成师生生命在场的、具有生活气息的教育过程，形成了"家乡味，乡土情，志天下，厚乡里"的乡土文化教育办学理念；以"建一所有文化、有温度、有灵魂、有信仰、具有乡土气息的高质量乡村学校"为发展目标，形成了"让每一个人成为更好的自己"的校训、以"德行一致，立根铸魂"为内容的校风、以"乐教　睿智　精研　垂范"为内容的教风、以"求知　践行　反思　创造"为内容的学风，形成了培养具有家国情怀的、自强有为、有根有魂的新时代社会主义建设者和接班人的育人目标。

一、办学理念：乡土文化教育

学校的办学理念必须立足立德树人的根本任务，基于当时当地的办学背景和条件资源来确立，必须符合本地本校的办学实际和办学实践要求，并形成学校各个层面共同认可的、具有学校办学优势和特色发展趋势的整体要求，建立促进每个人的全面发展路径。在李升勇校长等导师的指导下，我们认真分析了我校地处的区域特点、办学状况、师资水平、教科研能力以及学生认知特点和发展需求等因素，找出了我镇作为千年古镇，有着极其丰富的人文历史资源，具有代表性的独特的人情风俗风貌，形成了具有影响力的乡土传统技艺和连续的农耕文化传承与发展特色，汇聚了接近于师生生活的丰富乡土文化教育资源。这些承载着几千年教化育人功能的优秀乡土传统文化资源，为我们立足立德树人根本任务、实现人的全面发展，推动学校教育发展、课程建设、文化育人提供了潜在的广域课程资源。

同时，通过梳理调查乡土优秀文化挖掘与传承情况、问卷调查学生对家乡文化知晓情况、走访调查当地优秀传统文化存续现状，我们也清醒地认识到，作为中华民族优秀传统文化重要组成部分的乡土文化存在着传承不畅、资源开发不系统、不丰富、乡土文化传承方式单一的问题。因此，乡村儿童少年乡土情感不强，导致在形成家国情怀过程中出现断裂的问题。这与党和国家关于传承和发展中华优秀传统文化、增强民族文化自信的要求形成了脱节、滞后的问题。我们当地一些曾经长期营养着人民群众精神的优秀乡土文化资源，由于外来文化的冲击以及青壮年大量外出、民间文化艺人的去世等因素也已经衰亡或者正在走向衰亡，乡村优秀传统文化教化育人的功能也正在日趋减弱。

面对乡土优秀传统文化的日趋衰落状况，以及外来文化的冲击、青壮年大量外出的现状，仅仅靠地方党委政府组织号召来形成进一步挖掘、整理和传承创新，恢复优秀乡土文化教化育人的功能，实现乡土文化振兴，推动乡村经济振兴，很难在短期内得以实现。而作为乡村文化教育高地的农村学校，本来就承担着立德树人、培养合格加优秀的社会主义建设者和接班人的职责和任务，系统挖掘优秀乡土资源，通过整理、呈现、系统传承和创新优秀乡土文化，让学生在乡土优秀传统文化的熏陶中得到精神的成长、道德的提升、人格的养成、素养的提升，通过乡土文化育人过程，形成知家乡、爱家乡、立志回报家乡的家国同构，便成为我们的共识。

二、校训：让每一个人成为更好的自己

校训是一所学校共有价值理念的体现，决定着学校师生共同遵循的规则规范，决定着一个学校的行为习惯和生命走向。所以，校训的确定，是一所学校的灵魂所在。在组织学校教职员工和学生及家长充分讨论的基础上，我们认为：教育的意义，就在于促进人的生命成长，实现真正意义上的立德树人、全面发展。教育的价值，就在于让学校里的每一个人得到属于自己的成长。于是，我们基于学校优秀乡土文化育人的理念，确立了以人的生命个性成长、完整提升为立足点的校训：让每一个人成为最好的自己。所谓"让每一个人成为最好的自己"，就是唤醒学校里的每一个人理性地、完整地认识自己，基于自己的生命觉醒，根据自己的真实发展状况，形成具有优秀传统文化教育共同价值指引下的个性化成长。

之所以提出这样一个办学理念，是源于对教育规律和教育现实的深度思考。在现有的教育现状下，教育内卷、文化焦虑、社会浮躁，已经在相当长的时间和非常广的空间内影响着教育的过程。教育资源的严重不均衡，以考试分数为主要甚至是唯一指标的考核方式，升学压力带来的焦虑，已经延伸到小学，甚至波及了幼儿园，家长严重的焦虑情绪，教师的职业倦怠，都无形中传导至孩子并形成心理压力。为了考试成绩，为了分数，学校、老师、家长、社会形成了许多急功近利的、通过拉长孩子学习时间、加大重复训练频度和力度的教育教学行为。这样的方式确实在短期内形成了可观的效果，但是其所带来的孩子兴趣的消退、精神的疲惫、思维的固化、知识加工方式

落后等学习习惯之后，由此带来的学习倦怠，却也成为血淋淋的现实。更可怕的是，在这种教育文化的熏陶下，"只要学不死，就往死里学""多考一分，干掉千人"之类标语和画面，成为风靡一时的、受人推崇的奋斗风景。于是，便有了大学生投毒杀害朝夕相处的室友、残忍地将硫酸泼向并没有形成威胁的狗熊、持刀刺向供养自己成长的母亲，甚至是将超高的智商投入到为害人类健康的毁灭性行动的怪现象。

事实上，不管承不承认，世界已经进入了一个全球化的时代，构建人类命运共同体更需要的是具有合作共赢意识的人才，就像曾仕强教授所总结的我们中华民族重要的智慧"求同存异"的目标，我们需要培养的是具有独立人格、合作意识、社会责任、民族情怀、世界眼光的一代新人。这样的一种新时代所需要的新人，必须要形成健全的心智、健康的体质、开阔的眼界、良好的思维方式和行为方式，以及与之相关的终身学习能力、社会交往能力和自我管理能力。但这样的能力培养要求与过度竞争教育现状形成的壁垒，构成了一种水火不容的情势，很难实现人的完整性成长。只有形成内心的自我觉醒，真正内省于自身实际，实现积极的人生态度，才能够形成师生共同支撑下的自我管理、自主成长，实现每个人个人意义上的全面发展。

所以，我们在关于学校发展的方向和路径的讨论基础上，形成了师生员工共同的价值理念，并将之确定为我们的校训，那就是"让每一个人成为更好的自己"，意在使学校里的每一个人，包括教职员工和全体学生，并通过学生传导至每个家庭，形成了基于每个人完整生命成长的立德树人成长价值理念。这种共同的价值选择，也为我们的学校整体育人环境的形成，起到了定海神针的力量。

三、校风：德行一致，立根铸魂

一所学校的风气，决定着这所学校师生生存的生命样态，影响着师生的生命成长和学校能否健康、长久地发展，更决定着人才培养的数量和质量。

基于立德树人根本任务，根据全面发展育人要求，立足我们的办学理念，我们形成了全校认同的校风"德行一致，立根铸魂"。

所谓"德行一致"，就是要求所有人弘扬和遵循中华传统美德，并践行于自己的言行之中。在这个层面，我们主要是通过挖掘出的符合中华民族共同美德和新时代中国特色社会主义要求的乡土传统价值观念形成的具体再现内容，形成师生共同的行动准则，形成文化传承下的践行实践，达成学校文化的建设和实施，实现师生员工内化于心、外显于行的规范行动。

"立根铸魂"，"根"就是优秀乡土文化中凝练着的养育广大乡村民众精神的价值内涵，也就是一种精神的支撑。"立根铸魂"，就是挖掘提炼优秀乡土文化立德树人元素，形成系列化、序列化、稳固化的价值理念，形成深植乡土的家国情怀和民族情愫，达成社会主义核心价值观的稳固和升华。

四、教风：睿智　垂范　精研　乐教

无论什么时候，学校教育理念的形成、发展、传播和提升，学校管理水平的提高程度，学生培养的过程与质量，都必须依靠广大教师的共同努力和具体实践。可以说，没有一支业务精湛、素质优良、品德高尚、作风过硬的优秀教师队伍，就没有一所学校教育教学质量和效益的综合提升。因此，也可以毫不夸张地说，有什么样的教师队伍，就有什么样的教学行为，就有什么样的教学质量。作为教师共同教育工作价值和理念的教风的确立与大家共同的身体力行，也就决定了学校的育人机制和走向。

作为一所农村学校，如何确立自己的教学风范，形成自己的教育教学工作作风，需要形成大家的价值认同。我们在组织教师多次讨论诸如"你遇到过的对你帮助最大的老师是那位？为什么？""你遇到过的让你觉得痛苦的老师是什么样的？为什么？""如果你回到学生时代，你想遇到什么样的老师？""如果让你重回学生时代，你理想的教室和教学是什么样子？"的讨论，以及通过对学生进行的"你最喜欢的老师是谁？他做了什么？""你最讨厌的是什么样的老师？为什么？""你理想中的老师是什么样的？如果让你来当老师，你会怎样做？"等内容的问卷，我们组织老师们进行了多次的"头脑风暴"，共同确立了"乐教　睿智　精研　垂范"四个主题词、八个字为内容的教风，作为我们从事教育教学工作的行为准则。

（一）"乐教"，铸造稳固教育愿景

"乐教"，就是形成对教育事业的志趣和愿景。要做到乐教首先就是要对于教育事业有着深刻的职业认同，形成对教育事业进程的积极情绪，最终达成对教育志业的执着坚守。

"知之者，不如好之者；好之者，不如乐之者"是孔子对于学习状态与学习效果之间的相互关系，也同样可以用来描述教育者从事教育生活的态度与教育效果之间的关系。我们之所以把"乐教"放在教风的第一位置，就是大家在讨论中觉得，要想做好教育的事情，首先要有乐于从教、乐于奉献的精神，以及由此产生出的直面教育现状、勇于承担教育责任、敢于克服教育教学过程中的困难的生命在场的教育实践。

"乐教"，既是一种态度，更是一种信仰。我们把这种态度和信仰阐释为三个层次：

第一层次是有乐于从教的愿望和要求，也就是职业认同。这种职业认同是来源于对教育事业的意义和立足当时当地的乡文化教育特色建设带来的多元融合、研学一体的全面育人价值的幸福体验创造，以及投身教育实践，使师生生命形成深度交汇带来的期盼与实践。

第二个层面，是对于个人生命成长的热切期待和深度实践带来的事业追求。没有成长的老师，就没有学生的真正成长。对于我们的老师们来说，长期生活在这片土地上，相当一部分老师是土生土长的土著，对这片土地有着扯不断的热切情怀，一部分新教师进入后也基本融入了这种氛围。以乡土文化教育理念为引领，自觉担负起为党育人、为国育才的立德树人根本任务，自然就成为教师乐学的必须选择。

"乐学"的第三个层面，我们指向于教师精神内省层面的文化熏染带来的幸福从教的成就与荣誉选择。如果仅仅依靠任务驱动，或者宣示号召，在短期内可能起到凝聚人心、鼓舞士气的作用，形成工作的朝气和活力。但是，没有老师们植根于自己内心省察的成长过程，

（二）"睿智"，形成教育生活智慧

"睿智"，老师们认为应该从 4 个方面去理解：

一是要有真才实学，有真正的学识修养。而要做到这些，老师就要广泛涉猎各方面的知识，不能仅仅将实现聚焦在课本、教参等固定的本本，而是将眼光放入更大的世界，形成广泛的知识储备和投入于生活的兴趣爱好，以便于为学生的学习提供丰富的学习资源和知识支撑。落实的根本措施，就是老师的终身学习。

老师们认为"睿智"的第二层含义是，作为承担立德树人、引导学生全面发展的老师，要有教育机智，做事不死板，善于发现学生的优点和亮点，及时关注学生的个体成长动向和特点，能够根据具体的教育教学情境，形成有针对性的处理机智的行为。

"睿智"的第三层含义，老师们认为，我们应该形成对接于学生真实生活的教育智慧，善于通过真实的教育生活，感受教育带来的变化和益处，通过观察生活、感受生活、投入生活、形成与生活相联系的学习运用，在真实对话环境下形成真实体验情境下的学习过程，实现立德树人的动态发展。

第四层含义，老师们认为"睿智"还在于，我们还要善于管理，协调教育的合力。在教育教学的进程中，立德树人的根本任务，需要形成开放的教育环境和来自、家庭和社会的合力。所以，作为老师一方面要善于向上管理，将教育教学中形成的共性问题和共同思考转化为学校管理的共同课题，取得领导层面的支持。一方面要同层管理，形成与其他年级、班级、学科的融通智慧，形成沟通与协调下的共同智慧。还要形成对外部的管理智慧，将乡土

文化教育办学理念、教育价值理念等通过对学生的管理熏陶，延伸及家庭和社区，形成全程、全方位、全领域的教育管理合力。简单来说，这里的"睿智"，其实就是形成学校教育合作的文化，就是达成相互扶持，实现生命共同成长的合力的方向和目标。

（三）"精研"，以研究力推动专业成长

一所学校整体管理水平和办学效益的提高，有赖于教师队伍长期的辛勤劳作和执着坚守。一所学校整体的高质量发展，却必须依靠老师们对于教育教学问题的敏锐洞察力、深度思考力、行动研究力和持续推进力，需要大家善于发现、勇于探索、敢于质疑、精于研究，形成解决教育问题的研究素养和专业研究力。

对于农村教师来说，大都存在研究力不足的问题，我们通过"精研"的工作方向，引领老师们在自己熟悉的领域，结合乡土文化教育理念和课程资源，针对真实的问题情境，形成问题解决思路，投身问题解决实践，梳理问题解决过程，形成基于自身特点的自我研究力提升，以此推动教师的专业成长和发展，形成幸福从教的能力。

（四）"垂范"，形成行之有效的示范效应

办学的理念、管理的提升、共同价值观的形成、学校师生共同精神成长的落实，是一种共生共建的过程。在这个共生共建的过程中，教师工作中的做事态度、工作风格、行为方式、精神涵养，都对学生的成长发展发挥着无形的教化熏陶和示范引领作用。所以，老师们认为，落实立德树人根本任务，"垂范"必然是要成为师德师风建设、树立良好教风重要内容。

"垂范"，首先是从言行举止上符合教育工作要求和教师素养标准，按照规范的语言进行教学，遵照合规的行为进行工作，沿着符合规律和常识的方向与人交往。

"垂范"，也是要求老师要有专注学习的行为示范，以积极乐观的态度、不断进取的行动，感染学生、启发学生、引领学生看到老师的努力，唤醒学生积极向上的生命成长。

"垂范"的含义，还包括老师们对待不同学生时给予的温暖以待、公平公正带来的待人接物的良好示范，以及符合孩子成长规律的坚守，让每一个孩子都被看见带来的生命成长的启迪和理想昭示。

"垂范"，也同样包括老师严以律己、认真治学、遵章守纪带来的榜样示范，以及推己及人、换位思考带来的人格魅力。通过老师的榜样作用，让孩子内心美好的种子被唤醒、催生、生根、发芽，承载起孩子人生生命的完整幸福进程。

五、学风：求知　践行　反思　创造

学校里的老师学生会成长为什么样的人，很大程度上是需要他们如何看待自己的生命，如何看待成长的过程，形成了怎样的目标理想，以及由此而集聚成的群体的环境与氛围，以及由此出发的思想和行动，这就是一个学校的学风。可以说，一个学校有着什么样的学风，就会走出什么样的老师，培养出什么样的学生。一个学校崇尚什么样的学风，就会形成什么样的师生品格。确定了学风，也就确定了师生生命成长的方向和指引。

作为地处乡村的学校，我们深深地认识到，如何唤醒师生内心的生命成长激情，如何引领师生形成自己的精神特征，如何以乡土文化教育的精髓营养生命的成长，为孩子们成为有根有魂的全面发展的新时代社会主义建设者做好铺垫和准备，是我们实现立德树人根本任务的重大课题。所以，我们要确定的学风必须是可以与师生生命成长相对接，必须是深植乡土文化教育的沃土，成为接地气的、符合孩子成长规律的、成为师生精神认同的共同价值选择。

基于立德树人价值理念，结合乡土文化教育思想，我们在让组织大家广泛收集整理古今中外有成就的先进人物和地方名人巨匠的成长经历的基础上，引发进行了"我们该找到古今中外有成就的优秀人物怎样的学习品质"的大讨论，并以此为契机，最终梳理凝练出了全校公认的符合我们学习需求的四组词、八个字，作为学风，也就是"求知　践行　反思　创造"，成为我们共同遵守的学风。

（一）求知，形成生命成长的执着追求

"求知"，并非是传统意义上的学习和记忆学科知识，而是被我们共同赋予了多层含义。

第一层含义就是普通意义上的学习知识，通过学科知识过程，了解相关常识，理解学科内容，运用学科知识的训练，达成考试要求的标准。也就是常说的"看山是山"的层面，或者说是怀特海所说的"浪漫阶段"。

第二层含义就是孔子所说的"知之为知之，不知为不知，是知也。"，就是确立自己求真务实的学习态度，形成直面问题、迎难而上的勇气和虚心求学的学习品格。

"求知"的第三层意思，是学会学习的智慧，形成对自己学习过程的深刻关注和深度内省，形成基于自身特点的智慧学习过程，寻找适合自己自我突破的智识，形成自己的思维图式。第二层和第三层，实际上就是"看山不是山"的境地，也就是走向怀特海所说的"精确阶段"。

"求知"的第四层含义，就是获得生命成长的人生智慧，将学习过程中的体悟，上升到生命成长的精神承载，认识人生成长的规律、自然发展的规律、生命价值的追求。这个层面可以说是又形成了"看山还是山"的阶段，或者说是怀特海所称之为的"综合阶段"，重归对生命成长的深度追求的新的浪漫阶段。

这四个层面的内容，是我们形成的对学习过程、学习科学、心智成长、人生态度和价值选择之下的生命成长发展所必须进行的终身学习理念和学习能力培养的共识。

之所以提出"求知"的内容要求，主要是我们清醒地认识到，作为农村学校，尽管已经从硬件建设上实现了达标，但是在学生的教育生活中，对于完整生命的意识，形成学习过程的科学化、持续化的思想和习惯并没有真正形成。这一方面来源于农村家庭教育观念的落后，以及农村青壮年大量外出形成的儿童留守、隔代抚养带来的生活无原则满足、学习管理无序，很多家庭对孩子学习的问题仅仅满足于孩子表面上的学习假象，关注的仅仅是考试分数的多少，而极少关注孩子学习的态度、学习的习惯、学习的效率和学习的视野，就决定了我们必须通过学校的文化引领，形成孩子终身学习的习惯和能力。另一方面，由于受应试教育理念的惯性，我们的老师也有着根深蒂固的任务驱动式学习观念，长期统治着我们评价孩子的学习过程，造成孩子学习范围的窄化、学习兴趣的低化，所以形成符合人的生命成长的学习理念和学习行为，是我们改变学习的状态、学习的效能、学习的过程优化的应然选择。丰富"求知"的内涵，赋予学习以生命成长的深度内涵，才能形成真正促进终身学习理念、深植学习动力的学习过程。

（二）践行，构建生命成长的人生走向

仅仅有求知的欲望，有获取知识积累的行动，只能解决知识积累的问题，如果没有融入实践的体验过程，形成生活化的建构，进入真实场景和情境的深度学习和实践过程，很难达成真正的知识储备，形成解决真实问题的策略和能力。所以，我们把"践行"作为共同认可的第二个关于学风的关键词。

我们所说的"践行"，是基于乡土文化教育理念指引下的主动学习过程要求，是师生共同参与选择课程资源，形成自动参与学习路径，主动协同配合探究实践，将知识学习与现实生活深度融合，实现多元发展的问题解决式的生命成长。

将学习形成与真实学习场景的实践形成紧密联系，苏霍姆林斯基曾经在他的多部著作中做出积极倡导，美国著名教育家杜威形成了自己的实用主义教育理论，提出了"教育即生活""教育即学生个体经验持续不断的增长。"的主张，将教育视之为与生活密不可分的学习过程。我国著名教育家陶行知先生更是提出了"生活即教育,社会即学校"的著名生活教育理论。选择"践行"作为我们学风的重要内容,是我们通过对师生学习过程的观察、调研、分析和判断,做出的针对人的生命完整成长的需要学习要求。经过我们对孩子进行的访谈、问卷等方式的分析研判,我们发现学生成长过程中存在着学习与生活脱节、生活技能贫乏、知行不一、生活体验严重不足的现象,这与家庭生活中家长包办和学校生活中教师长期以知识传授为主、很少组织引领学生对接生活实践的教学过程有着密切的关系。所以,要想形成学习的深度体验,必须引导大家形成深植于心的知行合一理念和信仰。

(三)反思,达成生命成长的内省发展

《论语》中记载孔子的话说:"学而不思则罔,思而不学则殆。"学习与思考、学习与反思,是一对相互成就的学习过程。学习的过程需要不断地进行复盘,找到学习成长的规律,才能形成独立的思考能力,形成知识的逻辑结构,养成科学的思维,达成学习过程的螺旋上升。基于这样的思考,我们确立了"学风"的第三个要素"反思"。

"反思"的第一个层面,是要求师生形成问题意识,能够在学习的过程中寻找根本知识,思考自身学习中的真实问题,发现生命成长的契机和方向,形成自己的独立思考和判断。

寻找解决自己学习问题的切入点,是我们对"反思"的第二个层面的导向。仅仅能够意识到、察觉到自己学习中的问题,是不能够真正实现学习的改进的,更重要的是在对自己的学习有清醒的认识的基础上,敢于面对现实,寻找克服困难的路径和方法,找到突破困难的切入点,不断进行针对性的尝试和体验,形成新的生命成长。

第三个层面,我们认为,"反思",还要形成生命成长意义上的复盘。这就像下棋,重要的不是纠结于最后输赢的结果,而是能够将整个发展过程进行完整复盘推演,形成思维过程的分析和思考,达到学习知识过程与方法、效果之间的思维逻辑判断和思维深度训练,逐步形成高阶思维下的生命成长

攀升，从而形成行为习惯上的根本变革，走向自我管理的综合提升。

作为我们以乡土文化教育理念达成立德树人根本任务和全面发展育人方向的教育实践来说，要形成可复制、可推广的系列化、序列化育人体系，更需要师生共同生命在场的实践探索和不断复盘，才能真正凝练出具有普适意义的实践路径和策略，实现师生生命的真正成长。

（四）创造，形成生命成长的不竭动力

中国特色社会主义的发展，推动了国家创新驱动力的提升，时代已经从积极就业走向了创新创业的重大转变。教育心理学和教育科学研究理论指出，0-12周岁是一个人成长的关键期，创新创造能力的培养和提升，不能指望于孩子将来进入高中大学去解决，而是需要从儿童少年抓起。作为乡村学校，要想让孩子得到全面发展，为孩子十几二十年后踏入社会做准备，创新创造能力的培养必须伴随着孩子的学习过程而不断提升。"创造"一词，也就成为我们提炼学风时共同选入的关键词。

对于乡村学校的孩子来说，尽管缺少了城市学校孩子可以接触到的具有高科技元素的创新创造环境，但广阔的农村天地，以及我们植根于田野的乡土文化课程，为孩子打开了创新创造的另一扇窗。可以说，真实的场景、广阔的空间、丰富的乡土文化资源，构成了更具实践性、更加广泛性的创新创造场域。因此，依托乡土文化教育，形成孩子更广阔的视野、实践出更强烈的创新创造意识、锻炼出孩子更全面、更扎实的创新创造能力、初步铸造孩子精益求精的工匠精神，是我们得天独厚的优势。因此，将"创造"内容纳入学风，也是我们立足真实场景的本位选择。

六、培养目标：培养自强有为、有根有魂的新时代社会主义建设者和接班人

2018年9月10日，习近平总书记在全国教育大会上指出："培养什么人，是教育的首要问题。"作为乡村小学，如何以实际行动回答关于"培养什么人？怎样培养人？为谁培养人？"的问题，如何落实立德树人根本任务，如何完成好党的教育方针确定的目标任务，必须给出自己的思考和落地方案，形成基于自身现实的培养目标。

作为乡村学校，长期经受辛苦劳碌的经历，使农村家庭几代人奋斗极度想要为孩子提供更加贴心的成长环境，极力避开自己所经历的艰难困苦。或者想要将自己没有能够实现的愿望全部寄托在孩子身上，或者经历深刻教训后，极力想要形成对孩子无缝覆盖式的保护，以期孩子在柔风细雨中成长为自己期盼中的样子。这样的理念和做法，并没有通过科学有序的指导，形成孩子形成对自己生命成长有益的思想和行为。相反，由于生活和学习上的包办替代，以及无原则的过度满足，反而使本来有着广阔空间环境和丰富创造性资源的成长优势，并没有成为孩子投入自然、接触社会、形成成长的推动力，而是成为大量农村家长从骨子里形成的唯恐孩子再次自己重蹈覆辙的极力规避。所以，原来广大乡村农耕文明带给农村人成长的诚信、勤奋、节俭、乐观自信等优秀文化基因，并没有透过家庭的环境得到承继。特别是隔代教育带来的过度宠溺、网络世界带来的精神冲击、不事劳作带来的不知常识，已经严重制约了农村儿童少年的健康成长。以至于近些年来，一些专家学者痛心疾首："寒门再难出贵子！"要想改变这种现状，完成立德树人根本任务，就必须依托我们的乡土文化教育理念，拓宽学生面对真实生活场景，进行完整育人环境的创设，触发孩子生命成长的自觉，唤醒孩子的心灵成长，通过自我管理、自主发展，达成自己生命的幸福完整成长过程。这是我们在进行了深度分析和思考之下，达成的育人共识。

基于对落实立德树人根本任务和促进学生全面发展的育人方向，根据我

们立足于学校教育实际和学生成长现状确立的乡土文化教育办学理念，我们确立了"培养自强有为、有根有魂的新时代社会主义建设者和接班人"的学校培养目标。"自强有为"，就是通过学校和家庭、社会、网络教育管理的全场域教育环境配合，实施课内课外、校内校外全时空的教育成长过程，建立全学科、跨学科、多元融合、研学一体的学习模式，让孩子真正认识自己、成长自己、成就自己，使教育成为一个生命觉醒、不断形成自主成长的过程，为培养出素质优良、能力突出、全面发展的高素质人才形成坚实的基础。"有根有魂"的"根"，就是民族文化之根，是社会主义核心价值观，对于我们学校来说，就是承载着优秀传统文化精神、社会主义核心价值观元素的乡土文化教育内容和内涵。所谓"有魂"，就是指我们所要让孩子形成的，真正成为孩子行为准则，支撑孩子终生发展的理想理念和行为自觉的家国天下信念。"有根有魂"，就是说我们培养出来的孩子是具备了民族情感、家国情怀的、积聚了中华民族优秀品格的、国家未来发展所需要的坚定的社会主义建设者和接班人。

七、环境文化：植根乡土文化教育理念的螺旋式攀升的家国同构基础支撑

依据确立的乡土文化教育理念，结合德平镇"孝德康养"特色城镇建设，我们进行了学校环境文化的整体设计。我们邀请了当时还健在的德平籍老书画家、白麟小学毕业生王占山先生题写了校名，并在直对校门的实验楼顶端设置了"崇孝养善，尚德立身"的理念文化标牌，并将周勇校长设计的象征腾飞昌盛的校徽放置中心位置，意指我校在乡土文化教育的支撑下，形成新的腾飞与发展，成为我们乡土文化教育特色的主基调。

以乡土文化教育理念为核心，我们将学校的六栋教学功能楼分别取名：知远楼、至善楼、崇德楼、德馨楼、康平楼、养志楼，并为每座楼都赋予了具有家国情怀的传统文化元素，将家国同构、立德树人为内容的乡土文化教

育理念蕴含其中。

"知远楼"是正面校门的四层实验楼，楼顶的"崇孝养善，尚德立身"的乡土文化教育主题，成为入校的第一个醒目的标志，学校的标志性建筑。《礼记.中庸》中说："《诗》曰'衣锦尚迥，恶其文之著也。故君子之道闇然而日章，小人之道的然而日亡。君子之道，淡而不厌，简而文，温而理，知远之近，知风之自，知微之显，可与入德矣。'"这就是我们命名"知远楼"的依据，讲的是君子之道，就在于知道远是从近开始的，知道风气来自何处，知道隐微会趋向明显。这也是我们的教育想要达成立德树人目标，所必须坚持的原则和达成的路径，没有今天的点滴努力，没有从大处着眼、小处着手的坚持，也就不可能实现从量变到质变的过程，学习如此，做人亦如此。这也正是我们要进行乡土文化教育首先要让大家清楚的首要问题。可以说，"知远"既是一种内心的自省，更是一种理念的总领。

校门左侧是一号教学楼，我们命名为"至善楼"。对于这座楼的命名，我们取《礼记.大学》中"大学之道，在亲民，在止于至善。"，"至善"也就是达到最好的状态，而我们的立德树人根本任务，就是要求我们培养一批批优秀的、全面发展的新时代社会主义建设者和接班人，我们中华民族优秀传统文化的其中一个核心就是孝道的传承，所以有"百善孝为先"的传统观念，其实也是"修身齐家治国平天下"的士人家国天下的相应体现。我们将"至善"作为第一幢教学楼的楼名命名为"至善"，又是基于对"孝道"传承为基础的家国情怀的承载和阐释。按照"孝道"为主要起点的家国同构乡土文化教育理念，我们对楼道文化进行了层进式规划和师生共同构建实施，以固定文化建设和动态生成文化环境设置相结合的方式，形成具有乡土文化气息、师生真实生活展示的家国同构文化氛围。

一号教学楼共有四层，我们在一楼设置了以"孝亲敬长，爱己爱人"为主题的家庭亲情乡土文化内容，其中设置了具有本地乡土文化特色的家庭文化，如设置德平历史名人、唐朝诗人孟郊的《游子吟》诗句，展示了师生共同收集到的德平古今贤孝故事，"德平五好家庭""德平好媳妇、好婆婆"评选出的典型事迹，以及师生幸福家庭生活的温暖瞬间照片、各班级组织的孝亲敬老的主题活动图片等动态生成文化，使学生既了解中华民族的敬老孝亲优秀传统，又践行体验家庭中的亲情关怀。我们认为，一个人只有学会爱自己、爱家人、爱家庭，形成基础的感恩能力，才有可能学会爱他人、爱家乡、爱祖国、爱人类。这样的文化设置，就是要形成孩子首先聚焦基础的人生之爱，也就是爱自己、爱家人、爱家庭的家庭之爱，形成基础人生之爱。在一号楼二楼，我们设置了"爱家乡"的主题，主要设置了师生共同收集到的具有德平乡土文化底蕴的诸如曹冢寸汉丞相曹参古墓、祢衡井、闫家古屋、白麟书院、古代"平昌八景"图片及配诗等等具有地域文化特色的风景名胜、葛守礼、郭谌等古代人物和单田芳、朱明瑛等现代德平人物风采、"祢衡骂曹""山宾货牛"等人物故事，以及小米窝头、熏鸡、四喜丸子等地方传统美食等固定内容和师生进行乡土文化探访、进行实践研究的动态生成图片。这样的设置，就在一楼爱己、爱家、爱家人的家庭之孝，进入了了解家乡、热爱家乡的层次，实现了认知和情感上的提升。到了第三、四层，我们设置了省内风景名胜、文化历史的内容，以及孩子们学习成长的瞬间，由对家、对家人的爱、对家乡的了解和热爱，逐步推进到更大范围的家国天下的情怀建构，形成家国同构的层进式、螺旋上升的乡土文化教育环境生成创设。在每个楼层之间连接的楼梯侧，我们设置了师生学校生活真实场景的常态化变换内容图片，形成了以师生生命成长过程贯穿家国同构过程的乡土文化教育"孝文化"元素育人环境。至善楼教育学生学习的宗旨在于了解并达到人们都具有的至善的道德本性，在于推己及人，帮助、教育他人，使其也成为有道德的人，最后的结果是通过道德修养而达到并保持人类最高的善。这样一种层递式的文化设置，实际上仍然是落实了一种由低到高、由近及远的符合儿童认知规律和"修齐治平"的儒家文化的螺旋式上升的家国共育的价值理念，对于促进孩子生活化学习、行动性实践起到了很好的引领与推进。

在二号教学楼，我们命名为"崇德楼"。《礼记．大学》的开篇语"大学之道，在明明德"指出"大学"的宗旨是弘扬高尚的德行，要弘扬高尚的德行，先要尊崇、践行高尚的德行。我们所要实现高尚德行落地的路径，就是我们形成的乡土文化教育中所蕴含的中华民族优秀品德。

对于"德"的问题，我们也是按照层级递进的内容结构进行关于"德"的育人环境构建，形成对品德、规则意识的环境创设。在二号楼首层，我们将活佛杜臻、廉吏葛守礼德平乡土文化名人故事以及师生搜集整理出的德平风情风俗中关于勤劳、节俭、诚信、自律、乐于助人等内容的部分进行整体布设，并将师生生活中形成的个人习惯养成的照片、体会进入活动的板块。通过首层的布设，意在是学生形成个人品德的成长，或者叫个人私德的培养环境。在此基础上，我们在第二层楼规划了遵规守纪和安全的内容，将守则、规范和维护公共秩序的相关内容用大家熟悉的德平风情风俗和德平书院文化中的要求形成遥相呼应的设置，并将少先队活动中的遵章守纪活动图片进行动态设置，形成"德"的第二个层次的文化环境，即社会公德环境。"德"的第三个层次在二号教学楼的三、四楼进行体现，我们称之为守法明理，主要设置的是与孩子成长有关的法律法规，以及理想信念教育的相关内容和孩子们的遵规守纪的现实版榜样。通过与师生生命生活的对接，与德平优秀乡土文化资源相呼应，三个层面的层递式攀升延展，规范、规则、人格、品德的环境效应得到了有效发挥。这样的文化设置从个人私德到社会公德，进而进入人类共同美德，以及作为维护道德准则和行为规则的底线道德的法律保障的层进式格局，也是基于对儿童少年成长规律和认知结构原理深度理解和应用下的文化布设，同样呈现出了人生螺旋式上升的价值提升。

靠着二号教学楼的是我们的二层结构综合楼，一楼是部分功能室和心理咨询室、医务室、医疗物资准备室，二楼是学校和乡村少年宫共用的会议室和活动室，以及我们临邑县北部五乡镇联合教科研共同体"校级专研"临北共同体办公室，主要承载的是教师学习、培训、研讨等活动的功能，我们将之命名为"德馨楼"，取刘禹锡《陋室铭》语"斯是陋室，惟吾德馨"，意在倡导老师耐得住清贫，耐得住寂寞，远离喧嚣，以自己内心的宁静，换取生命的成长，达成自己生活生命的境界攀升。

出了教学区，生活区共有两座功能楼，分别是我们称之为"康平楼"的由一层餐厅和二层风雨操场组成的综合功用楼和名为"养志楼"的学生宿舍。《汉书·宣帝纪》："是以上下和洽，海内康平。""康平楼"由于兼有了饮食和健身的功能，我们结合两方面因素，确立了"健康健美"的体育元素和"健康平安"的饮食元素，同时，楼名中又涵盖了"德平"地名和德平古名"平昌"的元素，形成了"健康健美"的体育目标和"健康平安"的饮食元素各取一字，又形成了暗含"健健康康、平平安安"的愿望和地域特色内容的统一。而正是通过孩子包括体育健身和饮食习惯和安全的全面发展的日常养成过程，才能够达成孩子的一生生命成长，成为保障德智体美劳全面发展的立德树人根本任务的完整落地。"养志楼"，"志"是志气、意志，寓意培养和保持同学们积极进取的志向。"志"又是精神，引导学生劳逸结合，以静养神，提升精神修养。"康平楼""养志楼"，涵盖了健康、平安、健身、健美等养育人的生命精神、意志的意思，我们以这样的命名方式，就是要形成对健康生活、品德修养、精神精力等支撑生命成长的积极因素的最好诠释和引导。

在教学区和生活区之间，是我们在当初建校时积极争取到的一块校内农耕文化实践基地，我们命名为"未来小农场"，这里既是我们师生共同体验劳动文化、实践劳动过程，形成综合实践能力的体验场，也是我们各学科教师将学科教学结合于乡土文化教育的跨学科教学实践落实场，为我们的农耕文化教育提供了现场实景式文化构建。

除了这些固有的区域乡土文化教育环境设置外，我们还由刘天庆作词，德平籍军旅音乐人徐辉作曲，创作了《白麟小学校歌》，周勇设计了一学校历史文化为主题的校徽，由景学青、赵本斌两位老师设计了具有我校文化元素的中国风校服，形成了学校的隐形文化。这样，就形成了一楼梯文化、校园文化、隐形文化为一体的乡土文化教育特色文化整体构建，实现了环境育人机制的闭环。

第三章　学校课程

紧紧围绕立德树人根本任务和党的教育方针，我们针对学校办学实际，进行了理性分析，乡土文化教育理念，确立了国家课程、地方课程和学校课程的整体实施方案，建立了全面落实国家课程方案、建构融入学校乡土文化课程体系，形成多元融合、研学一体、五育并举的课程实施思路，架构了以国家课程校本化实施为路径的实践框架和模式，建立了课内与课外相结合、校内与校外相呼应、理论与实景相关照的学习课程体系，实现了全面育人的实践过程，走出了文化育人、生活育人、实践育人的新路径。

一、整体规划，全面落实国家课程校本化

根据学校实际，学校对国家课程、地方课程和学校课程进行了整体规划实施，创建了学校的课程规划方案，形成多元融合、五育并举的课程体系，实现了国家课程的校本化落地。

以下为《临邑县德平镇中心小学（白麟小学）课程规划方案》全文。

临邑县德平镇中心小学（白麟小学）课程规划方案

引言

临邑县德平镇白麟小学地处五县交界，远县城37公里，前身为始建于道光二十三年（1843）的德平县白麟书院，清光绪二十九年（1903），时任

县知事柳堂奉旨于原白麟书院旧址设立官立高等小学堂，后先后历经"县立高等小学校"（1912）、"县立高级小学"（1923）、"县立第三小学"（女子国民学校）（1931）、"县立白麟小学"（1934）等校名。1956年撤县设镇后，先后历经"白麟完全小学"（1956）、"德平红卫学校"（1968）、"白麟学校"（1973）、"白麟中学"（1983）等校名，1996年改称"临邑县德平镇中心小学"。2017年新中心小学建成投入使用后，经请示批准，恢复学校名称为"白麟小学"。

临邑县德平镇白麟小学现有小学六个年级24个教学班，在职教师52人，教师学历达标率100%，但音体美英专业师资不足，专科以上教师大多为后学历。结合学校所处镇域历史文化底蕴丰厚的实际，"家乡味，乡土情，志天下，厚乡里"的乡土文化教育办学理念，以"建一所有文化、有温度、有灵魂、有信仰、具有乡土气息的高质量乡村学校"为发展目标，形成了"让每一个人成为更好的自己"的校训、以"德行一致，立根铸魂"为内容的校风、以"乐教 睿智 精研 垂范"为内容的教风、以"求知 践行 反思 创造"为内容的学风，形成了培养具有家国情怀的、自强有为、有根有魂的新时代社会主义建设者和接班人的育人目标，特制定本课程规划方案。

一、课程依据

（一）国家和地方课程要求

《国家中长期教育改革和发展规划纲要（2010-2020年）》提出"把育人为本作为教育工作的根本要求。""要以学生为主体，以教师为主导，充分发挥学生的主动性，把促进学生健康成长作为学校一切工作的出发点和落脚点。关心每个学生，促进每个学生主动地、生动活泼地发展，尊重教育规律和学生身心发展规律，为每个学生提供适合的教育。"，对于学校的育人目标做出了明确要求。

对于如何落实育人目标，《规划纲要》提出了"两个坚持"的具体路径，即"坚持能力为重。优化知识结构，丰富社会实践，强化能力培养。着力提高学生的学习能力、实践能力、创新能力，教育学生学会知识技能，学会动手动脑，学会生存生活，学会做人做事，促进学生主动适应社会，开创美好未来。""坚持全面发展。全面加强和改进德育、智育、体育、美育。坚持文化知识学习与思想品德修养的统一、理论学习与社会实践的统一、全面发展与个性发展的统一。"

对于基础教育新课程改革的方向，《基础教育课程改革纲要（试行）》指出"新课程的培养目标应体现时代要求。要使学生具有爱国主义、集体主义精神，热爱社会主义，继承和发扬中华民族的优秀传统和革命传统；具有社会主义民主法制意识，遵守国家法律和社会公德；逐步形成正确的世界观、人生观、价值观；具有社会责任感，努力为人民服务；具有初步的创新精神、实践能力、科学和人文素养以及环境意识；具有适应终身学习的基础知识、基本技能和方法；具有健壮的体魄和良好的心理素质，养成健康的审美情趣和生活方式，成为有理想、有道德、有文化、有纪律的一代新人。"

对于学校课程建设，《课程改革纲要》提出了"学校在执行国家课程和地方课程的同时，应视当地社会、经济发展的具体情况，结合本校的传统和优势、学生的兴趣和需要，开发或选用适合本校的课程。"的要求，也就是在全面彻底地落实好国家课程和地方课程的基础上，结合本地、本校的实际，开展国家课程校本化的研究和实施，形成具有本地、本校特色的国家课程校本化落地方案。

对于地方课程和学校课程的设置，《山东省义务教育地方课程和学校课程实施纲要（试行）》提出"山东经济社会发展需要和山东自然环境、文化传统的特点和优势确定地方课程和学校课程的基本内容"的设置规划依据，并要求"坚持'以学生的发展为本'原则，遵循学生身心发展规律，遵照青少年特殊的生活体验，拓展学生的认知领域和探索领域，为他们提供自主探索、想象和表达的空间。增进学生对各自生活背景下的文化、社会、自然、科技的理解，培养学生良好的思想品德、人文精神和艺术素养，激发学生终身学习的愿望和主动探究的意识，发展学生的创新能力和实践能力，塑造学生健康的体魄和健全的人格。"，指出地方课程和学校课程的基本特征是"综合性、实践性、开放性、生成性和自主性"，"以学习探究领域为课程分类形式"，"以课程模块为课程呈现形式"，也就是说，地方课程和学校课程是基于国家课程育人目标指导下的项目化、探究式、实践式课程建设，是对国家课程的深化落实和丰富发展。

对于地方课程的开发，《课程改革纲要》规定了三个主要领域，即民族文化领域、自然探究领域和社会探究领域。对于学校课程的开发，《课程改革纲要》提出可以扩大到艺术探究领域和体育与健康领域等。

（二）学校教育哲学

按照"家乡味，乡土情，志天下，厚乡里"的乡土文化教育办学理念，以"建一所有文化、有温度、有灵魂、有信仰、具有乡土气息的高质量乡村学校"为发展目标，形成了"让每一个人成为更好的自己"的校训、以"德行一致，立根铸魂"为内容的校风、以"乐教 睿智 精研 垂范"为内容的教风、以"求知 践行 反思 创造"为内容的学风，形成了培养具有家国情怀的、自强有为、有根有魂的新时代社会主义建设者和接班人的育人目标，形成以国家课程为统领、地方课程为联系，乡土文化课程为落地的课程体系整体框架和实践路径，整体推进课程体系完整建构，从课程走向课堂，实现课程整合、学科融合，综合提升教育质量和办学品位，打造全国乡村课程体系建设样板特色学校。

（三）学情情况分析

我校地处偏僻，于五县交界之处，镇域户籍人口虽居全县前列，但由于是农业大镇，工业发展水平较低，人员流动性大，为鲁西北典型的人口流出大镇。这也导致了外出务工人员较多，经济条件虽相对不差，但学校留守儿童、隔代教育现象严重，导致家庭教育理念落后，家庭养育失序，孩子物质条件较好，而学习和生活习惯养成不足。一方面，孩子接触、接受先进的文化和理念较少，眼光相对较窄。另一方面，虽地处农村，但对于乡土优秀传统文化了解较少，往往沉溺于网络和手机，处于理想信念的薄弱区。在这样的情况下，如何发挥学校的教化育人功能，让孩子在优秀乡土文化中找到根基，并就此形成广阔的视野，成为"自强有为的好少年"，就成为学校教育必须考虑的核心问题。

（四）社区发展需要

习近平总书记指出："乡村振兴，既要塑形，也要铸魂，要形成文明乡风、良好家风、淳朴民风，焕发文明新气象。要深入挖掘、继承、创新优秀传统乡土文化，把保护传承和开发利用有机结合起来，把我国农耕文明优秀遗产和现代文明要素结合起来，赋予新的时代内涵，让我国历史悠久的农耕文明在新时代展现其魅力和风采。"学校是社区建设、社会建设的重要组成部分，社区精神文明建设，乡村文化振兴，学校承担着筑基立魂的作用。在现有的条件下，在乡村人口大量长期外流的状况下，乡土优秀传统文化已经严重衰落残缺，很多优秀乡土文化传承几乎走入失传或者濒临失传，急需挖掘保护。乡村学校作为承担教书育人，教化乡里的重要场所，搜集、挖掘、传承、物化乡土优秀文化成果，使这项文化振兴的重要工作得以实现，优秀乡土文化记忆得以恢复和传承，家国情怀得以为继，培养具有优秀传统文化根基、胸怀祖国文化信仰、面向未来和世界视野的建设者和接班人的育人目标实现，更是对于实现乡村文化振兴的一种有力保障，回应了社区发展需求，助力乡村振兴事业。

（五）课程资源条件

1. 物的资源准备

作为千年古镇，山东省临邑县德平镇具有得天独厚的人文历史资源，相较于周边地区乡镇，名人多，故事多，景观多，民俗风情丰富，民间技艺小有名气，文化资源丰厚，为学校课程建设提供了课程体系建构的丰富资源。（葛守礼，祢衡，黄庭坚，孟郊，郭谌）（山宾货牛，王河头治水）（平常八景，一品荣丰牌匾，祢衡井，白麟书院，龙泉寺）（杜臻庙会，德平大秧歌，秧歌调）（米窝头，德平熏鸡熏肉，年节炸品）（传统农耕文化与现代农业科技）

2.师资能力条件

我校教师大部分为本县、本镇人员，熟悉本镇人文历史，具有热爱教育、热爱家乡、乐于奉献的精神，对于本地乡土文化有着深厚的感情。同时，对于课程开发和实践研究，大部分教师参与进行了实际的实践过程，虽然从理论上还没有形成系统的提升，但对于课程的构建和推进研究已经具有了强烈的课程意识和研究意识，积累了大量的实践经验。而且，部分教师承担过省市级的相关课题研究，初步具备了开展课程建设的能力，可以有序地通过系统培训、思维碰撞，形成较强的团队凝聚力和研究力。

学校发展现状 SWOT 分析分析

内部自身条件	**优势：** 1.切实保障了学生平等权益。学校建立健全了学生权益保障机制，确保了适龄儿童公平入学、受教育的权益，能够充分关注和满足不同类型适龄儿童、少年入学和学习的需求； 2.促进了学生全面发展。学校全面推进立德树人，实施了德育一体化建设，实现了课程育人、文化育人、活动育人、实践育人、管理育人、协同育人，构筑了全员育人、全程育人、全方位育人德育体系。学校以创建学习型组织为统领，形成了多元互动、教学相长的教学组织结构，逐步形成了促进学生乐于学习、学会学习、终身学习的教育教学管理机制。同时，按照学生身心发展规律，关注学生身心健康和艺体素养提升，开展指向于面向未来的学生生长需求，扎实落实国家课程要求，初步培养起了学生主动学习、探究学习的意识和习惯； 3.引领了教师专业进步。学校建立了教师成长培养机制，实行"青蓝工程"，打造青年教师成长平台，实行"筑基工程"，培养骨干教师。同时，通过培养培训计划，实行"备胎式"骨干教师梯度培养机制，综合提升了教师队伍素质； 4.提升了教育教学水平。学校扎实落实了三级课程体系，改革课堂教学模式，实施了以学生发展为本的课程发展路径，实现了基于教学核心内容、基于课程标准要求、基于学生学情的教学流程设计，实施分层教学、因材施教。对于学生学习评价实施了以定性评价和定量评价相结合、过程性评价和阶段性评价相结合的多元质性评价，促进达标性教学，实现了指向于全体学生整体发展的教学；

续表

	5. 营造了和谐美丽环境。学校按照各级各部门要求，根据本地本校的实际，建立健全了学校安全与健康管理制度，规范设置了安全卫生基础设施，并形成了常规化排查监督机制，确保了安全设施正常运行。学校严格按照相关制度要求，积极开展了安全健康教育活动，使健康、安全意识牢记于每个人心中。通过学校文化建设，学校创造性构建了具有师生生命在场的文化氛围，并通过丰富多彩的校园活动，把学校打造成了师生共同的精神家园； 6. 初步建设了现代学校制度。学校以党建工作为引领，通过"党员示范岗""党员先锋岗"为带动，建立健全符合本地本校的各项规章制度并严格落实执行，健全了"三重一大""教职工代表大会""家长代表大会"等民主议事和民主管理制度。同时，通过部门协调联动，与党委政府、村居社区、公安、卫生、行政执法、市场监管等部门协同参与、齐抓共管的家庭、学校、社会共同管理机制。
	劣势： 1. 学科间整合协同意识不足，大课程观念有待形成； 2. 人口流出大镇，留守儿童较多，隔代教育比例过高，家庭教育观念落后。由于受家庭环境、网络、手机等干扰，学生缺乏良好学习习惯、学习方法，学生思维品质亟须提升； 3. 艺术课程能够勉强开齐开全，但由于师资短缺，艺术教育水平较低。特别是为应对县级书面考试要求，出现了应试化艺术教育现象，不利于孩子形成真正高素质的艺术素养； 4. 由于家庭孩子较少，又地处偏远乡镇，隔代教育普遍，对孩子物质要求满足代替家庭正确养育，孩子缺乏基本生活技能和正确处事方法，合作意识差，吃苦耐劳精神不足，劳动素养较低； 5. 教师队伍老龄化严重，教育素质和水平参差不齐，部分教师职业倦怠严重，上进心不强，自身学习动力不足，学习意识不强，合作意识、终身学习意识不足，现代教育技术应用能力较差； 6. 教师队伍整体研究意识不强，研究反思能力不足，部分教师教学中经验化、唯分数现象仍有存在，对学生身心发展规律和教育教学规律研究意识不强，研究能力缺失，创新意识和能力不足；

续表

外部环境因素	**机遇：** 1. 学校硬件条件建设实现了标准化，拥有现代化的教学设备和资源，为学校的整体发展准备了必要条件； 2. 作为县城北部规模最大的乡镇小学，是本乡镇的窗口学校，在当前乡村振兴的方兴未艾之时，学校的发展备受重视，具备了各方面的综合支持； 3. 学校地处千年名镇，历史悠久，地域文化资源丰厚，人文自然景观众多，有史以来人才辈出，为学校发展提供了强大的资源支撑； 4. 课程规划负责人刘天庆是山东省第三期齐鲁名校长培养工程人选，处于省级专业成长平台，为学校发展提供了强大的业务团队支撑； 5. 学校牵头成立了县城北部五个乡镇7所小学组成的"校级专研"临北教科研共同体，经常性开展教育科研活动，形成了区域教育合力，对于本校的发展形成了团队支持； 6. 近几年，补充了部分年轻的专业教师，为我校教育工作注入了新活力。 **挑战：** 1. 如何克服教师倦怠带来的压力，培养学习意识和能力，提高从业能力和信仰，让教师的生命变得鲜活起来？ 2. 如何用课程带动教师研究能力和实践能力，整体提升教师队伍综合素养？ 3. 如何解决学生沉溺手机和网络，培养孩子学习习惯、学习方法和思维品质？ 4. 如何挖掘课程资源，建立大课程体系，实现国家课程校本化？ 5. 如何利用本区域资源，培养孩子的自主意识、自理能力、自我发展、自我成长的独立生活和学习能力？
学校发展方向	以"书院风，乡土情，志天下，厚乡里"为办学理念主线，基于"关注社会，德行一致"的校训，以"建一所书院风格、乡土气息的高质量乡村学校"为发展目标，以"做自强有为的好少年"为培养目标，完善学校课程体系框架，全面扎实落实国家课程，以地方课程形成拓展和补充，结合本地本校地域资源，形成具有本地本校特色的校本课程，培养出一批批具有书院品格、民族精神的，具备健全体魄、健康身心、胸怀祖国、志在天下的社会主义建设者和接班人，打造一所具有鲜明乡土特色、优秀传统文化基因的乡村名校。

二、学校课程方案

（一）课程目标

1. 了解乡土优秀传统文化及其渊源和文化内涵，了解自身所处地域人文景观和自然风貌以及物产。

2. 了解本地域人文历史故事、历史人物和重大事件的发生情况，以及优秀乡土民风民俗、特产技艺，了解家乡风情风貌。

3. 形成主动探究本地域文化的意识和主动了解、探究具有人文历史特点的本土乡土文化的实践能力，能够及时记录整理，并用说、写、绘、演等方式形成展示成果。

4. 形成问题情境，初步具备实践探究与学科学习情境相联系的问题意识和能力，能够在实践活动中形成学科学习能力和解决问题能力。

5. 初步具备地域乡土文化研究能力和传承优秀乡土文化能力，成为优秀乡土文化的传承者和代言人。

6. 掌握部分乡土特产制作过程，初步形成生活技能和环保意识。

7. 初步形成广阔的视野和远大的志向。

8. 初步形成乡土情怀和家国意识，倡导文明乡风、文明家风、淳朴民风，助力乡村文化振兴。

（二）课程结构与设置

1. 课程结构与关系图及说明

（1）学校课程体系结构与关系图及说明

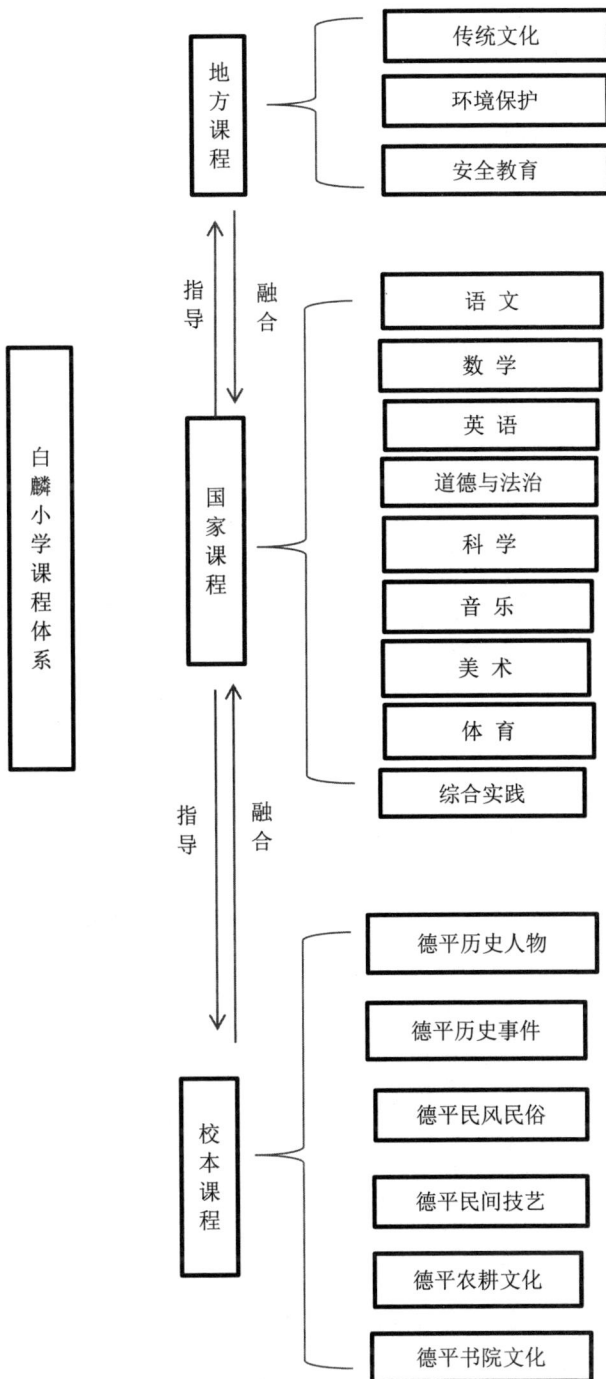

白麟小学课程体系

地方课程
- 传统文化
- 环境保护
- 安全教育

指导　融合

国家课程
- 语　文
- 数　学
- 英　语
- 道德与法治
- 科　学
- 音　乐
- 美　术
- 体　育
- 综合实践

指导　融合

校本课程
- 德平历史人物
- 德平历史事件
- 德平民风民俗
- 德平民间技艺
- 德平农耕文化
- 德平书院文化

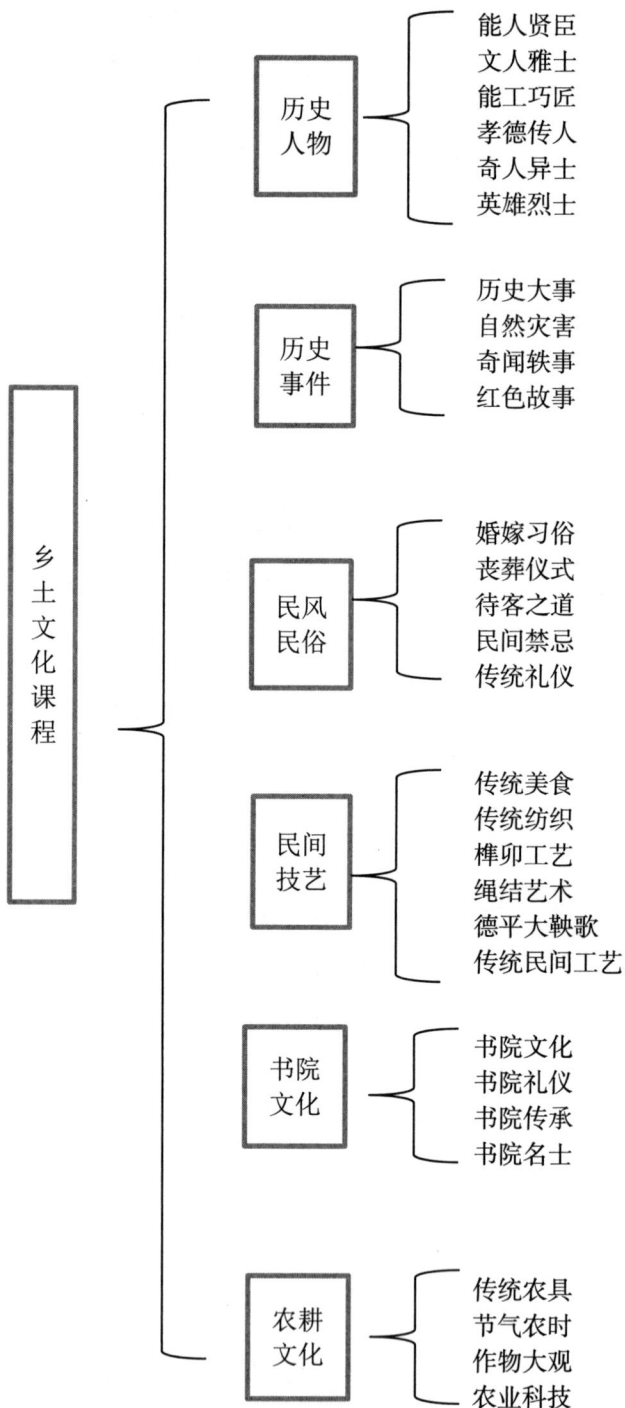

历史人物 — 能人贤臣 / 文人雅士 / 能工巧匠 / 孝德传人 / 奇人异士 / 英雄烈士

历史事件 — 历史大事 / 自然灾害 / 奇闻轶事 / 红色故事

乡土文化课程

民风民俗 — 婚嫁习俗 / 丧葬仪式 / 待客之道 / 民间禁忌 / 传统礼仪

民间技艺 — 传统美食 / 传统纺织 / 榫卯工艺 / 绳结艺术 / 德平大鞅歌 / 传统民间工艺

书院文化 — 书院文化 / 书院礼仪 / 书院传承 / 书院名士

农耕文化 — 传统农具 / 节气农时 / 作物大观 / 农业科技

（2）校本课程体系结构与关系图

2.课程设置与课时分配、比例及其说明

（1）国家课程

严格按照国家课程开设规定，开齐语文、数学、英语、道德与法制、科学、音乐、体育与健康、美术、综合实践活动等国家课程，其中，综合实践活动所包含的信息技术、劳动等内容，除课堂内课时安排外，与地方课程和学校课程整合，形成融合性实践课程。每学年授课时间20周，机动2周，每周授课时数为30节，总计学时数540节，首先保障国家课程开足课时。

（2）地方课程

地方课程按照山东省地方课程设置计划执行，结合国家课程标准任务实行整合，作为国家课程的有效补充和延伸，总课时数为每学年35节。

（3）学校课程

学校课程按照实施需要，融合入学科课程教学和综合实践课外进行，与课外实践、大课间、社团活动、延迟服务、周末节假日相结合，实现国家课程的校本化，地方课程的拓展与延伸，不设置完全独立的校内教学课时。

学校国家与地方课程课时安排表

课程		年级									周总课时（节）		占九年课时总计比例 %
		一	二	三	四	五	六	七	八	九			
道德与法治(品德与社会、思想品德）		3	3	/	/	/	/	/	/	/	6	22	7.9%
		/	/	3	3	2	2	/	/	/	10		
		/	/	/	/	/	/	2	2	2	6		
	历史	/	/	/	/	/	/	2	2	2	6	10	3.6%
	地理	/	/	/	/	/	/	2	2	/	4		
科学	科学	1	1	2	2	2	2	/	/	/	10	10	3.6%
	生物	/	/	/	/	/	/	3	3	/	6	14	5%
	物理	/	/	/	/	/	/	/	2	3	5		
	化学	/	/	/	/	/	/	/	/	3	3		
语文		8	8	7	7	6	6	5	4	5	56	56	20%
数学		4	4	4	4	5	5	4	4	5	39	39	13.9%

续表

课程		年级									周总课时（节）		占九年课时总计比例 %
		一	二	三	四	五	六	七	八	九			
外语		/	/	2	2	3	3	4	4	4	22	22	7.9%
体育		4	4	3	3	3	3	3	3	3	29	29	10.4%
艺术	音乐	2	2	2	2	2	2	1	1	1	15	30	10.7%
	美术	2	2	2	2	2	2	1	1	1	15		
综合实践		1	1	2	2	3	3	3	3	3	21	48	17.1%
地方与学校课程		4	4	3	3	2	2	4	3	2	27		
周总课时数（节）		29	29	30	30	30	30	34	34	34	280		
学年总课时（节）		1015	1015	1050	1050	1050	1050	1190	1190	1122	9732		

校本课程内容与课时安排表

德平镇中心小学校本课程安排表（周节次）

科目		一年级	二年级	三年级	四年级	五年级	六年级
德平历史人物	我了解的德平人物		1				
	寻找德平历史人物的足迹		1				
	德平历史人物搜集过程和方法		1				
	德平历史人物分类展示		1				
	我为德平人物重写传记		1				
德平历史事件	德平大事记			1			
	德平历史传说追踪			1			
	德平自然灾害的发生与启示			1			
	德平红色故事			1			
	德平历史故事探寻过程和方法			1			

续表

科目		一年级	二年级	三年级	四年级	五年级	六年级
德平民风民俗	德平节日民俗	1					
	德平婚嫁习俗	1					
	德平殡葬习俗变迁	1					
	德平民俗故事与礼仪	1					
	德平民俗里的文化	1					
农耕文化	认识传统农具				1		
	农作物大观园				1		
	时令节气、农谚与农业气象				1		
	农耕文化中的科学与农业气象				1		
	现代农业大观				1		
	认识农业科学家				1		
	我想象中的未来农业				1		
德平民间技艺	小米窝头、四喜丸子、德平熏鸡						1
	传统纺织技艺						1
	榫卯工艺						1
	绳结技艺						1
	德平大秧歌					1	
书院文化	耕读传习、践悟大道					1	
	品读至善、明德修身					1	
	尊礼力行、只其先后					1	
	格物致知、知远至诚					1	
	前贤后继、源远流长					1	

3. 地方课程、校本课程开设的具体内容与说明

（1）地方课程

按照省教育主管部门安排，地方课程开设科目为传统文化、环境保护和安全教育，其中，传统文化课程为小学一年级起点设置，每周1节。小学三年级以上增设环境教育和安全教育课程，每两周1节，共用每周1课时计划。

（2）校本课程

结合我校地域课程资源，我们主要开设了乡土文化课程，内容涉及德平历史人物、德平历史事件、德平民风民俗、德平民间技艺、德平农耕文化、白麟书院文化等乡土课程体系。学校课程主要依托临邑县德平镇区域丰厚的千年人文历史资源，帮助孩子了解家乡，认识家乡，热爱家乡，立志报效家乡，形成初步的家国情怀、生活实践能力、创新意识和探究研究能力，以及信息搜集和整理能力。其中的大部分内容与学科的学习过程相联系，是对国家课程培养目标的现实版落地，是对学科教学的拓展延伸，不单独占用独立课时，主要通过学科融合、社团活动、综合实践、校外拓展调查、课后延迟服务来进行。

（三）课程实施

1. 形成课程管理体系，整体规划课程实施过程

学校成立了课程管理中心，由山东省第三期齐鲁名校长培养工程人选刘天庆同志担任课程管理中心主任，临邑县德平镇中心小学执行校长周勇担任课程管理中心副主任，学校班子成员、年级主任、班主任和教科研骨干教师任成员，负责对学校课程体系建构进行规划，在对学校进行 SWOT 分析的基础上，深入调查研究、征求意见的基础上，制定课程规划方案，并进行充分讨论，修订完善，确保方案切实可行，便于实施。

2. 实施项目化管理，按照课程规划项目要求，落实国家课程标准，制定学校课程纲要，规划课程实施路径与要求。

3. 严格细化过程管理，保障学生参与课程过程，通过探究性学习和研究，形成过程性实践路径和策略，促进学生创新发展。

4.深入开展三级课程融合实践研究，不断深化修正课程实施方案。定期开展课程实施研讨，坚持开展校内课间教研，推进课程规划实施落地。

5.定期开展实践成果展示交流，形成课程实施共同体，并通过专家引领、骨干带动、成果推广、反思交流等形式，不断深化课程实施。

6.实施家校合作、社会参与的课程协作机制，邀请家委会成员、乡贤达人、专业人员参与课程建设规划，广泛征求意见建议，推动课程良性发展。

7.建设乡土文化社团，形成选课机制，鼓励学生主动参与，认真探究，学会求知，学会生活，学会做事，学会做人。

（四）课程评价

1.对落实国家课程的评价

主要通过过程性评价和阶段性评价相结合的方式进行，对于过程性评价，主要采用课堂诊断、随堂作业、家庭拓展作业、面谈交流、阶段测评来进行，组织形式分为个人自评、学生互评、小组通评、家长点评、教师综评和学校成长总评，重点是诊断学生学习兴趣与参与度、情感投入与价值观、学习习惯与方法、合作探究意识和习惯等的定性评价，以此形成教学过程的调整与修正。阶段性评价主要采用阶段性过关测试诊断来进行，实行过关性标准评价，并指导学生形成自我诊断与评价，自我修正与提高。在评价过程中，针对不同学生情况，实行差异性评价，课程评价等级分为优秀、良好、合格三个等级，不设置不合格等级。

2.对落实地方课程与学校课程的评价

由于地方课程与校本课程依托于国家课程进行，对于该项评价，主要从学生参与的积极性与主动性、探究过程的问题意识与实践能力、信息的开阔度与针对性、知识与技能的熟练度与应用度、学习成果呈现的创意性与系统性等方面进行，形成系列化、实践化、多维度的个性化学习成果。在评价过程中，针对不同学生情况，实行差异性评价，课程评价等级分为优秀、良好、合格三个等级，不设置不合格等级。

三、课程保障

（一）组织保障

1.课程规划领导小组

组　　长：刘天庆

副组长：周　勇

组　　员：王成波　陈方军　付建慧

职　　能：编制课程规划

2.课程审议领导小组

组　　长：王　刚　临邑县教育和体育局局长

副组长：李升勇　乐陵市实验小学教育集团总校长

组　　员：夏振忠　临邑县教体局教研中心主任

　　　　　袁希伟　临邑县教体局教科所所长

　　　　　梁志军　乐陵市云红街道教育总校长

　　　　　职　　能：开展课程评审

3.课程实施领导小组

组　　长：周　勇

副组长：陈方军

组　　员：王兰英　陈美燕　周恒杰

职　　能：实施课程规划

4.课程评估领导小组

组　　长：刘天庆

副组长：张广林

组　　员：蒋本勇　贾树铭　邓荣河

职　　能：评估课程实施过程

（二）机制保障

1.国家课程的运作机制

学校建立了《教科研工作制度》和实施方案，健全了教科研机制，每周组织集体教研活动，研究课程实施和学科教学情况，针对性进行研讨交流，确保国家课程全面落地。同时，开创性地开展同年级、同学科课间教研活动，及时解决课程实施中的具体问题，保障了国家课程的全面实施。同时，我们还牵头县城北部六个乡镇十余所小学成立了"校级专研"临北教科研共同体，形成镇际联合教研新模式，形成了课程实施教科研合力，进一步确保了课程的实施综合水平的提高。

2. 校本课程方面

学校制定了《白麟小学校本课程框架设计方案》，对学校课程的设计思路、实施框架、实践路径、策略方法进行了规划设计，对于课程体系框架的规划设计形成方向性指导。

对于课程的开发，学校根据与国家课程的契合度、联系度和拓展度，按照实践性、创新性、开放性、融合性的原则，进行课程开发审议和核准实施。结合校本课程设计情况，学校确立了"德平历史人物""德平历史事件""德平风景名胜""德平民俗风情""德平民间技艺""德平农耕文化""白麟书院文化""劳动实践课程"八大项、三十多小项内容的课程体系，并根据实施情况，进行过程性评价和课程成果评价评定。同时，通过定期开展阶段性成果呈现和评选评价，不断推进课程实施与改进。

3. 选课机制（宣讲、选课、退改选等）

课程实施方案确定后，各项目组按照规划组织课程的实施过程，研究制定详细的实施方案，由学生对课程的实施内容、目标方向、实施方法与路径通过宣传海报、招募广告的方式组织报名、具体实施。学生选课后，一学年内无特殊原因不得进行退选换课。确需退选换课的，需向原项目组和改选项目组同时提交申请，获得通过后方可退选改课。

4. 制度保障

为保障学校课程体系的顺利实施，学校制定了本课程建设的规章制度，变"人治"为"法治"，为校本课程建设提供制度保障。具体操作：

（1）教务处和科研处负责校本课程的建设管理、规划审定、监督检查和考核验收等工作；

（2）年级组和教研组全面负责课程建设实施方案的制定工作并组织实施，（包括教学设备、师资结构、教学组织等工作的落实；出调查问卷，写调查报告，撰写论文，写开题、结题报告等。）

（3）备课组和课程责任教师是校本课程建设的直接负责人，是校本课程建设的坚实主体，备课资料和上课打卡检查记录作为个人考核标准之一。

（4）另外要设立校本课程建设专项费用，拨专款于课程的基本建设，主要用于重点课程必需的资料费、学术活动费和评审费。

5. 资源保障：与课程运行有关的资源保障情况

（1）课程资源丰富

山东省临邑县德平镇作为千年古镇，具有得天独厚的人文历史资源，相较于周边地区乡镇，名人多，故事多，景观多，民俗风情丰富，民间技艺小有名气，文化资源丰厚，为学校课程建设提供了课程体系建构的丰富资源。

（2）师资雄厚

我们我校教师大部分为本县、本镇人员，熟悉本镇人文历史，具有热爱教育、热爱家乡、乐于奉献的精神，对于本地乡土文化有着深厚的感情。同时，对于课程开发和实践研究，大部分教师参与进行了实际的实践过程，对于课程的构建和推进研究已经具有了强烈的课程意识和研究意识，积累了大量的实践经验。而且，部分教师承担过省市级的相关课题研究，初步具备了开展课程建设的能力，可以有序地通过系统培训、思维碰撞，形成较强的团队凝聚力和研究力。

（3）硬件资源标准化。

学校硬件条件建设实现了标准化，拥有现代化的教学设备和资源，为学校校本课程的整体发展准备了必要条件。

二、实施乡土文化课程体系化实践，形成多元育人、研学一体的课程育人模式

为实现文化立校、乡土育根的办学理念，根据导师的指导，我们在深度分析乡土文化传承及研究与民族精神、家国情怀培育中出现的问题基础上，确立了以场景式生活环境创建为基础，规划乡土文化课程体系实践路径与策略实践，改变了师生的生命行走状态，推进了学校特色发展的进程，成为乡村文化课程特色的亮点。

选择乡土文化课程体系建构实践作为我们的学校发展的突破口，是基于对党和国家对弘扬中华民族优秀传统文化，加强中华民族文化自信，实现乡村振兴的政策要求的深度理解，是对完成党的立德树人教育根本任务学校工作任务的需要，也是源于我们对自己所处的区域环境资源的清醒认识，所做出的慎重选择。

（一）实施乡土文化课程的背景与动因

费孝通在他的著作《乡土本色》中指出："从基层上看去，中国社会是乡土性的。"优秀乡村文化是文化自信的重要基石，也是实现乡村文化振兴、助力乡村振兴的核心精神源泉。党和国家站在构建人类命运共同体的高度，多次对传承和发展优秀传统文化，培育文明乡风、良好家风、淳朴民风，建设文明新农村，实现乡村文化振兴，提振民族精神，增强文化自信做出重要指示。乡土文明的传承与发展已经出现了与党和国家要求极不协调的问题。突出表现在：

1. 乡土文化传承不畅

不可回避的是，随着经济发展的运行，城市经济带来的对从农村劳动力的吸纳能力不断加大，乡村农业发展需要的劳动力相对减弱，以及与之同生的经济需求与经济收入压力的剧增，农村人靠土里刨食的方式解决生存发展已经很难实现，大量农村青壮年劳动力离开乡村生活。同时，为了改善自己

的生活状况，为自己的孩子创造更加优越的求学、就业环境，大量农村人口选择进入城市买房定居，这就造成了乡村人口老龄化比例远甚于城市城区，农村"空巢化"，农村儿童留守化，已经成为不可回避的常态。同时，大量农村青壮年劳动力的乡村出走，在城市文化、外来文化的影响下，逐渐形成了对流行文化、快餐文化的崇尚和接纳，一方面是减少了对优秀乡村文化传承的时间和精力，一方面也减弱了对乡土文化的兴趣和意愿。农村"空巢化"，也带来了营养民族精神的优秀乡土文化日趋衰落、消亡，农村精神生活缺失，这仅仅靠现有的农村组织很难实现优秀乡土文化的系统传承与发展。守住一方热土，传承和发展优秀乡土文化对于为人处事、立世成人的育人过程，已经成为遥不可及的事情。

2. 乡村少年儿童的乡土情感和乡土意识不强

优秀乡土文化对于我们这个历史上农业农村人口长期占据绝对比例的农业大国来说，曾经长期对民风民俗、民族精神起着非常重要的精神养育过程，形成了中华民族勤劳勇敢、诚信善良、乡土情浓、忠诚尚义、耕读传家等优良传统。可以说，耕读文化一直是承继中华民族精神历史的重要组成部分。特别是在农村地区，一些传统的勤俭持家、尚义好德、忠厚诚信等价值理念和行为准则，曾经长期熏陶、教化了乡村一代代人的成长。但是，随着城市化进程、外出务工潮的兴起、乡土文化的衰落，以及乡村家庭环境的变化，也带来了乡村文化育人功能的逐步弱化。

乡村儿童少年虽然在农村出生长大，但是由于农业技术发展带来了农村土地的逐步集团化生产，农业机械化程度的提高，使农村劳动力被大量解放出来，农村孩子再也不是地里跑、土里爬的"皮孩子"，而是成为不事农桑的现代时代环境下的孩子。同时，信息时代的发展，网络技术的开发，更是将孩子带离了身边的现实环境，成为身处农村却与乡村优秀文化隔离的"文化混血儿"。由于对乡村优秀文化资源的价值认识不足，很多家长已经没有了通过家庭教育环境进行优秀文化传统的传承与对孩子进行情感和教化熏陶的意识。这样的现状，造成孩子长期缺乏对乡土文化教育的了解、认识和熏陶，感受不到乡土文化之美，找不到自身发展的自信与生命的归属，很难真正形成深植内心的家国情怀，造成情感与认知上的断裂现象。这也为传承和发展优秀的乡村传统文化，实现乡村振兴，达成文化自信的增强带来了现实性的挑战。

3. 乡土文化资源开发不系统、不丰富、方式单一

经过我们对乡土文化当前各地进行的优秀乡土文化开发研究的国内外相关文献进行梳理，我们发现国内外关于乡土文化传承发展的研究始终偏重理论化、单一化、碎片化，对乡土文化教育资源也缺乏系统化的梳理和建构，无法全面展现乡土文化资源的多样性和丰富性。

（二）乡土课程体系构建实践路径研究规划方案

我们对学校所处的地域文化进行了系统的梳理和分析：我们学校地处的德平镇，是一个有着悠久历史和灿烂文化的千年古镇。作为千年古镇，德平镇具有得天独厚的人文历史资源，相较于周边地区乡镇，名人多（葛守礼，祢衡，黄庭坚，孟郊，郭谌），故事多（山宾货牛，王河头治水），景观多（平常八景，一品荣丰牌匾，祢衡井，白麟书院，龙泉寺），民俗风情丰富（杜臻庙会，德平大秧歌，秧歌调），民间技艺小有名气（小米窝头，德平熏鸡熏肉，年节炸品），文化资源丰厚（传统农耕文化与现代农业科技），为学校文化课程建设提供了课程体系建构的丰富资源。同时，文化振兴正当其时，作为全国重点镇、山东省特色发展试点镇，德平镇党委政府重视教育，重视文化建设，正在积极筹建全县唯一的乡镇方志馆，高标准整修新镇志，象征德平文脉的白麟书院完整修复，乡村民俗也方兴未艾，民间文化传承人积极活跃，为文化课程建设提供了动力和外部资源。同时，学校教师很多都是本地成长、本地居住，了解家乡文化。在此之前，学校也已经开展了部分乡土文化社团，并初具规模的学校发展优势，形成了一定的文化影响，为乡土课程的建设奠定了初步基础。可以说，不论从课程资源、外部支持，还是从学校发展需要和内部环境，我们已经具备了整理乡土文化育人元素、开发优秀乡土文化资源，进行系列课程建构与实践，形成整体育人体系的基本条件。

经过认真梳理分析国内外乡土文化课程构建状况，深度思考学校发展方向和基于立德树人根本任务的学校教学理念和学校整体规划，以及对规划、实施课程建设实践的现实条件，我们确立了以下三个方面的实践方向和思路：

第一，研究乡村文化振兴视野下的学校文化课程体系建构实践路径，探索构建符合本地域特色的乡村文化课程体系框架。

第二，立足本地域乡村文化资源，研究形成乡村文化振兴视野下的学校文化课程建构目标任务、核心问题、分项目标、成果呈现、评价方法，总结出各研究分项的基本研究路径、策略、呈现和评价措施方法。

第三，融合项目化、主题化研究，多元化、信息化呈现，促进学生自主学习策略和方法形成，探究思辨，形成初步的爱国爱家意识，培养家国情怀。

最终形成了构建理念的核心概念：在乡村文化振兴视野下，以继承和发扬乡村文化化人功能为基本理念，结合学生身心特点，设置合理课程目标，搜集、挖掘、筛选具有本地域特色的优秀历史文化资源，通过项目化实践研究实施过程，建构形成学校育人课程体系的实践过程和策略的研究。

据此，我们形成了下面完整的《乡土文化课程规划纲要》。

乡土文化课程规划纲要

课程目标

1. 解决乡土文化传承不畅，乡土资源开发不系统、不丰富的问题，形成系列化、序列化的、贯穿小学六年的乡土课程资源开发目标体系。

2. 解决乡村儿童少年乡土情感不强，导致在形成家国情怀过程中出现断裂的问题，形成比较稳固的家国同构育人课程模式。

3. 解决乡土文化传承方式单一的问题，形成学科渗透、五育融合、研学一体的多元融合的乡土课程体系。

课程内容

　　以德平丰厚的人文历史资源为主线，形成关于德平乡土文化的八大个领域板块课程内容。课程内容框架如下：

　　1. 德平历史人物课程内容框架

　　（1）我了解的德平人物

　　（2）寻找德平历史人物的足迹

　　（3）我的德平人物搜集过程和方法

　　（4）德平历史人物分类展示

　　（5）我为德平人物重写传记

　　2. 德平历史事件课程内容框架

　　（1）德平大事追寻

　　（2）德平历史传说

　　（3）德平自然灾害考证

　　（4）德平红色故事

　　（5）我的德平历史故事探寻过程和方法

　　（6）德平故事我来说

　　3. 德平风景名胜课程内容框架

　　（1）德平风景知多少

　　（2）一代名相息曹冢

　　（3）葛老故里寻荣丰

　　（4）闫家古宅依稀在

　　（5）祢衡井边谈人生

　　（6）平昌八景美如画

　　（7）今日德平更美好

4. 德平民风民俗课程内容框架

（1）德平节日民俗

（2）德平婚嫁习俗

（3）德平殡葬习俗变迁

（4）德平民俗故事与礼仪

（5）德平民俗里的文化

（6）移风易俗新风尚

5. 德平农耕文化课程内容框架

（1）认识传统农具

（2）农作物大观园

（3）时令节气、农谚与农业气象

（4）农耕文化中的科学与数学

（5）现代农业大观

（6）认识农业科学家

（7）我想象中的未来农业

6. 德平特产名吃研究内容框架

（1）德平美食知多少

（2）制作工艺与流程

（3）原料与配比

（4）形状与操作

（5）蒸制与火候

（6）口感与创新

（7）工具清理与卫生环保

（8）我知道的德平其他美食

（9）各地美食大观

（10）美食与健康

（11）世界美食与文化

7. 德平民间技艺课程内容框架

（1）传统纺织技艺

传统纺织工具

纺线中的学问

织布机的里的学问

传统纺织流程

传统纺织创造美

传统纺织里的故事传说

纺织业发展历程

现代纺织业大观

（2）榫卯工艺

了解生活中的榫卯技艺

榫卯的传承与发展

榫卯制作工具与功用

榫卯的制作方法和实践

现代榫卯工艺应用

（3）绳结技艺

绳结创造生活

绳结基本技法

绳结的现实应用

小小绳结创造美

绳结还能做什么

（4）德平大秧歌

德平大秧歌的前世今生

德平大秧歌的主要器具与功用

德平大秧歌的阵图阵法

德平大秧歌的流派及特点

德平大秧歌的融合与发展

德平秧歌花棍

德平秧歌调

德平秧歌与美育

德平秧歌与体育

8.书院文化课程实践框架

（1）耕读传习，践悟大道（精神传承）

（2）品读至善，明德修身（书香校园）

（3）尊礼力行，知其先后（规则礼仪）

（4）格物致知，知远至诚（实践探究）

课程实施

1.课程设置与课时分配、比例及其说明

学校课程按照实施需要，融合入学科课程教学和综合实践课外进行，与课外实践、大课间、社团活动、延迟服务、周末节假日相结合，实现国家课程的校本化，地方课程的拓展与延伸，不设置完全独立的校内教学课时。

2.课程开设的具体内容与说明

结合我校地域课程资源，我们开设的乡土文化课程，内容涉及德平历史人物、德平历史事件、德平民风民俗、德平民间技艺、德平农耕文化、白麟书院文化等乡土课程体系，帮助孩子了解家乡，认识家乡，热爱家乡，立志报效家乡，形成初步的家国情怀、生活实践能力、创新意识和探究研究能力，以及信息搜集和整理能力。其中的大部分内容与学科的学习过程相联系，是对国家课程培养目标的现实版落地，是对学科教学的拓展延伸，不单独占用独立课时，主要通过学科融合、社团活动、综合实践、校外拓展调查、课后延迟服务来进行。

3. 实施程序

师生根据课程内容和目标，设计规划研究的程序、过程、方法和策略，讨论课程内容进行中的预设问题和解决方案，制订课程活动计划、应用工具、搜集证据、整理和分析相关资料，以及进行呈现、创新和交流表达的相关要素。

4. 基本学习研究方式

根据课程内容特点，以个人探究、群组合作、班级协同等方式进行。

5. 基本学习任务

搜集、整理、考察、分析、思考、呈现、交流、统计汇总。

6. 课程评价

主要从学生参与的积极性与主动性、探究过程的问题意识与实践能力、信息的开阔度与针对性、知识与技能的熟练度与应用度、学习成果呈现的创意性与系统性等方面进行，形成系列化、实践化、多维度的个性化学习成果。在评价过程中，针对不同学生情况，实行差异性评价，课程评价等级分为优秀、良好、合格三个等级，不设置不合格等级。

7. 实施过程与策略

在统一的课程实践目标指导下，我们针对不同的项目内容特点，规划实施了不同的实践路径，并形成了与学科教学的高度融合。

（1）历史人物、历史事件项目课程的研究路径与策略

对于历史人物和历史事件的挖掘、整理和呈现，我们主要是引导学生通过文学作品、史志资料、村碑、姓氏家谱、走访了解等途径来进行。比如说，对三国名士、文学家祢衡，我们通过引导孩子读《三国演义》相关章节，看京剧《击鼓骂曹》，读孔融的《荐祢衡表》，读祢衡的《鹦鹉赋》，到祢衡井边参观，顺便走访周边群众，形成对祢衡的全面了解，不断揣摩人物，画出"击鼓骂曹"的场景，排练演出情景剧《祢衡骂曹》；为全面了解对三朝入阁的名臣葛守礼，我们让葛氏后裔"寻根问祖"，寻找老家谱，亲历葛老故居，寻访"一品荣丰"牌匾，走访葛姓宗族老人，探访明代柱国名臣的过往，形

成丰富的资料；通过参观萱草园，孩子们了解了"诗囚"孟郊的《游子吟》《游子诗》，体悟到了骨肉情深；通过二月二十九每年一度的活佛庙会，孩子们了解了传说中的杜臻活佛的故事，感受奉献的力量；孩子们通过史志村碑了解了艰难治水的王河头，元代驸马花王落户沿袭的花王村来历等等丰富资料。在这个过程中，数学老师用年代代入，让孩子通过计算年代，深化了思维训练（年号与年代，年代先后距离），道德与法治教师通过这种探究过程，引导孩子理性分析人物，学会换位思考，形成正确的价值观。语文老师的"我说德平人物故事"宣讲比赛，丰富了孩子视野，提升了演讲能力。艺术类老师则通过编演过程，让孩子们对美感，对人物特点把握等进行了系统指导。

在课程的开发过程中，老师们带领学生挖掘整理德平的历史人物。包括历代的贤人、能人、奇人、大才。比如不畏权暴、率领民众起义的阎常留，领导京汉工人罢工的葛树贵，击鼓骂曹的祢衡，历代高官葛守礼、蔺琦，诗人、书法家黄庭坚、孟郊，艺术家单田芳、朱明瑛，奇人活佛杜臻等。我们还带领孩子们走出校门去走访、整理德平的奇闻逸事。比如丈八佛的传说、狐狸接生婆、白麟书院的传说等等。

（2）对于名胜古迹的挖掘整理，我们与名人的探访和学科进行整合。我们主要是采用了项目化的实施方式，通过师生网上了解地方环境、设计考察路线进行实地探访、现场绘画呈现现场、撰写游记和解说词等方式，进行课程实施过程。

比如，我们的二年级《道德与法制》第4个单元，属于了解家乡的内容，而里边选择的内容并不太适合我们的孩子，我们就把这个单元的内容结合文化课程建设用实践的形式来进行。我们设计了这样的活动：你知道我们德平有哪些值得参观的景点吗？能不能自己去实地参观一下，用你的办法把那儿的情况了解清楚？如果你是导游，你能用你喜欢的办法把你了解的景点介绍给大家吗？在这个探究的过程中，我们的数学老师则设计了让孩子设计路线，确定方向，计算路程和规划时间的问题，语文老师跟着设计了游记的教学，美术老师加入了绘画的元素。这样，手抄报、故事会、美文展、家乡美绘画展，呈现了丰富的探究过程，也提高了孩子的兴趣，平常八景、曹参墓、祢衡公园、丈八佛，成为孩子丰富的家乡印象。英语老师把孩子带入情境，引导孩子用英语做导游解说训练，提高了孩子英语学习的兴趣，为了解说好，孩子开始自己去寻找没有学过的单词和句子表达。

（3）民俗风情项目，主要是通过专家讲座、家庭探访、民间交流开展。

比如说，我们组织了每年的"大拜年"活动，让民俗专家讲为什么要拜年，怎样拜年，拜年的程序是怎样的。我们鼓励孩子走访附近的高龄老人，了解传统的待客之道，了解我们当地的传统节日"除夕""元宵节""田仓日"、"二月二""寒食节""端午节"（我们习惯叫"五月单五"）、"六月六""七月十五中元节""八月十五中秋节""十月一寒衣节"（现在很多人把国庆节叫作"十月一"是不规范的）、"腊八节""腊月二十三灶王节"等等节日的来历和习俗，并用自己喜欢的方式说出来、画出来、写出来、演出来、做出来（孩子们"田仓日""二月二"学"打囤"，知道了"囤"里放的东西不一样，腊八节学做腊八粥，灶王节泥塑灶王爷）。对于这样的活动，我们放在了《道德与法治》二年级《我们的传统节日》单元内容进行了融合。而数学老师融入情景，设计了好玩的数学训练内容，引导孩子开展了思维训练。语文老师呢？这么多有趣的话题，口语交际和情境作文，自然拥有了丰富的素材。

（4）民间技艺课程。我们主要通过学生走访民间技艺传承人，了解民间技艺工艺流程，学校创建民间技艺体验馆，引进民间技艺工匠引导学生开展民间技艺现场实践和创新等形式进行。

比如说我们的德平大秧歌主题技艺课程，孩子们通过参加社区广场舞的德平大秧歌演练，寻访德平大秧歌流派传承人，搜集整理德平大秧歌的文化渊源，学习制作大秧歌道具，研究德平大秧歌的阵图和文化内涵，课间操演练大秧歌体验舞蹈与韵律的艺术美感，体悟大秧歌在锻炼身体协调性和灵活性，并通过德平大秧歌将视野投向对其他秧歌流派的探究与欣赏，从中形成关于美的深刻体验，达成了全面育人的良好机制。

（5）乡土农耕文化课程，我们主要依托与全国人大代表、德平富民农场理事长魏德东举办的农场，建立了临邑县第一处"青少年劳动课程实践基地"，作为校外农耕文化课程基地，并在校内设立了"未来小农场"作为校内农耕文化课程实践基地。让孩子们了解农耕文明历程与现代农业发展，经常性地进行实践体验，与学科知识相结合进行消化吸收，形成农耕常识、农技科学知识与科学研究过程，达成对新农业、新农村、新农民的价值转型体验，形成科学探究意识和农业科学发展理念。

（6）白麟书院文化课程。主要通过引导学生通过阅读县志、镇志和网络查询，了解白麟书院文化历史，通过走访了解白麟书院的精神传承，通过"开笔礼"等书院文化活动，实现书院文化及儒士精神的传承，通过对接社会主义核心价值观及养成教育需要，提炼新时代书院文化创新传承的新路径、新内容。

8.实施评价

乡土文化课程的实施评价，坚持过程性评价与终结性评价相结合的原则，注重实践性与实效性，主要意图是实现学生的主动参与与主动探究，形成深度的实践体验。过程性评价主要以学生参与度与实践过程中的主动性和产生的真实体验为考核要素，重在看其形成的对问题的认识深度、时间程度、参与频度、做事的态度和思考的敏锐度和深刻度。终结性评价，主要看孩子们在探究过程中形成的对乡土文化课程实践过程中形成的具有自我意识和特点的成果呈现和行为表现，主要呈现依据为主体探究日记、报告、手抄报、演讲稿、音视频、绘画等可呈现的研究载体。

（四）乡土文化课程体系构建实践的成果与成效

在实践研究过程中，白麟小学的孩子们搜集整理了众多发生在德平境内的重大历史事件。孩子们还深入乡村和田间地头，遍访德平的古迹、名胜。了解整理德平的风俗民情。比如过年的风俗、各种婚丧嫁娶的风俗等。学生亲身去研究，去探寻，了解风俗民情的来龙去脉。学生通过亲身的学习和实践，逐渐掌握了德平的民间技艺，会做传统的米窝头、老豆腐、四喜丸子、焖肘子等当地特产名吃。做风车、捏糖人等濒临失传的传统技艺也搬上来孩子们自己开发的教材。学生们在发掘、抢救、整理的同时，也逐渐能说、会讲德平故事。能演唱德平的地方戏，能用情景剧再现古时候在德平发生的历史故事。

形成了乡村文化课程体系的整体框架、实践路径和可呈现的研究过程及初步成果。以"修身""讲练"为核心的孝德课程和艺体课程，通过地方历史名人、景点名胜的探访、整理，探寻和演练省级非遗文化——德平大秧歌的历史渊源、文化元素、阵图阵形、特色流派、秧歌调、道具制作、传承发扬等板块形成的整体研究和实践路径已初步呈现。以"农耕""农技""农艺""农时"为内容的劳动课程，依托全国人大代表魏德东创办的德平镇富民家庭农场，从农耕器具的变迁、节气时令的推演、农耕文化的美学、传统农业与现代农业科技等板块的实践构建，已初具课程实践体系。创建学校乡村文化记忆体验馆，实践传统技艺与特产课程，融入美学、艺术、科技、化工、手工等元素，将土法织布、榫卯、绳结、糖人以及米窝头、熏鸡等地方特色饮食的工艺制作探究内容整合，为学生探究传统制作工艺，体验劳动创造和精细认真的做事态度，形成文化育人实践课程路径和策略。

实践一、继往开来——德平历史人物课程纲要

课程背景：

经过我们的调查问卷，虽然地处文化底蕴丰厚的千年古镇，孩子们对家乡的历史人物以及现代杰出典型人物都缺乏了解，甚至是自己所在家族曾经出现过的著名历史人物，很多孩子也并不知道，也就无法形成对于这些曾经在历史上产生过巨大影响的人物精神，以及正在发挥着积极影响的现代人物的优秀品质没有情感上的认知，对儿童少年精神的运化，实现深刻的立德树人过程没有真正形成感同身受的影响。

德平镇作为千年古镇，历史上曾经出现了大量的具有民族精神传承特质的优秀人物，随着历史时空的转移，也涌现了大量大家耳熟能详的现代名人。

同时，在学生身边，也有着很多具有优良品质的普通人。通过对这些优秀人物搜集、整理，形成对于家庭结构、家国观念的感性认识，实现社会体验下的情感升华，形成触动心灵的精神养育，具有不可替代的作用。

开设年级：一至六年级

学习目标：

1. 通过查阅县志、镇志、村碑，了解历史上的德平名人及事迹。

2. 走访村中老人，查阅家谱等谍谱资料，了解自己家族中曾经有过的名人及事迹。

3.. 能够形成关于德平名人的资料整理，讲述德平名人事迹和故事，用自己喜欢的方式呈现德平名人故事。

4. 形成对德平历史人物精神的提炼，寻找他们身上的优良品质。

5. 尝试为德平历史人物写传记。

实施的基本步骤：

1. 头脑风暴，形成课程实践活动方案

师生共同就课程内容讨论需要进行研究的方向、如何分类以及需要做的时间和条件的准备、进行实践活动分工，确定搜集、整理和呈现的场所、时间、展示形式。

2. 个人探访

根据课程实施内容，选择相关内容，设计自我探究方案，并因地制宜进行个人探访和记录。

3. 小组交流汇总

以探访内容或主题形成小组，相互展示探访成果，进行进一步探访改进方案，以小组为单位进行专题实践研究。

4. 综合展示交流

根据初步确定的课程研究展示要求，进行展示交流，梳理呈现研究成果，形成进一步改进研究措施和方案。

5. 梳理形成课程实施路径与策略总结。

基本的实施方式：

自主探究、小组合作、项目化实施、多形式展示。

具体的任务：

会商方案、上网搜集、实地考察、探访实践、展示交流。

课程分布：

年级	主题	学习目标	实施方式	呈现方式	学时安排
一	故事里的德平人物	初步了解德平历史上的著名人物。	通过走访村中的老人，了解德平名人事迹。	第一学期故事会，第二学期绘画展。	主要占用课余时间、节假日进行探访。提出问题，组织指导8学时，主要安排在课后延时时间。展示活动安排在六一儿童节和元旦综合素质展演。
二	村碑家谱寻故人	了解家族中有影响的人物故事。	通过探访村碑、牒谱，寻找家族中有影响的人物，走访他们的故事。	家族信息树展示、家谱设计活动展示。	主要安排在课余、周末和节假日进行搜集整理，在课后延时时间安排8学时进行交流。
三	身边的德平人	了解身边德平人的工作贡献	通过走访，了解在德平工作的各行各业人员，形成调查报告。	手抄报、板报，报告会。	主要安排在课余、周末和节假日进行搜集整理，在课后延时时间安排4学时进行交流。
四	天南地北德平人	了解德平外出创业人员与家乡	通过电话、微信连线采访，参加丰收节、游子文化节，了解各地德平人的情况。	调查报告、情景剧、手抄版、板报。	主要安排在课余、周末和节假日进行搜集整理，在课后延时时间安排4学时进行交流。
五	我来重写德平人物传	形成自己的视角，展现自己对历史人物辩证的理解。	选择自己喜欢的德平人物，基于基本的史实，形成个性化的人物传记。	主题征文、演讲会、戏剧表演。	专题指导主要安排在语文、道德与法治等学科教学的渗透，以及课余、节假日的多角度资料收集和课后延时4学时的深度探讨，展示活动安排在六一儿童节和元旦综合素质展演。

年级	主题	学习目标	实施方式	呈现方式	学时安排
六	我要做什么样的人	能够知道德平优秀人物的品质，愿意结合社会主义核心价值观继承和发展优秀德平人的品质，并身体力行。	通过小组研讨，形成对感兴趣的德平优秀人物品质的梳理和总结，形成对德平优秀人物优良品质的自豪感，对照学校教育要求，形成共同的德平人物共同优秀品质的传承和发展愿望，并形成对照的规范和行为。	专题研讨会、主题报告会、主题征文、情景剧、秧歌戏手抄报。	

实施评价：

课程案例：

是非功过——我眼中的德平历史人物

课程背景：

毋庸讳言，封建时代的史书撰写，实际上是以统治者的好恶为标准的，其目的就在于维护统治阶级的无上权力，粉饰统治阶级的政治清明。因此，对于历史人物的记载与评价，如果仅仅从史书上去理解，很难不发生偏颇。要想客观地看待历史人物，必须要立足当时当地的历史环境和形势，进行理性的思考和分析。对于历史人物的深度了解、分析的过程，其实就是一个正确的历史观和价值观的形成过程。辩证地进行历史人物所处时代基础上的理解，为他们重写传记的过程，旨在引导孩子多角度搜集素材、多维度分析人物，客观地理解历史人物成败的历史和个人因素，形成对于自己成长发展的启示和引导。

活动内容：

为德平历史人物重写传记

活动年级：

五年级

活动目的：

1. 学会以自己的眼光看待历史人物。

2. 能够从历史人物身上找到做人的镜子。

3. 在尊重史实基础上，客观地为感兴趣的德平历史人物重写传记，体现自己的思考。

4. 能够将自己对历史人物的理解与他人进行交流，形成基本的历史观和人物观。

活动准备：

走访村中老人，上网搜索人物素材，查找县志、镇志资料，察看关于德平历史人物生存时代的相关历史资料并进行分析，观看关于德平历史人物的视频和剧目，进行小组和班级交流。

实施程序：

1. 个人独立进行资料搜集整理。

2. 小组、班级进行资料交流和补充。

3. 讨论形成历史人物传记提纲。

4. 进行传记个性化撰写。

5. 以班级为单位进行交流展示。

6. 形成德平历史人物传记汇编，进行全校交流。

7. 选取符合相关历史背景和史实，且文质兼美的传记文章，进行展示展览。

实施评价：

实践二、见古知今——德平历史事件课程纲要

课程背景：

虽然地处农村，孩子们的生活已经进入衣食无忧，甚至是生活优厚的环境。所以，对于生活的艰辛，对于人类曾经经历过的苦难历程，他们无法得到真正的深刻体验，也造成了孩子们无法形成真正对生命的珍视和对生活的珍惜。一部农村发展史，也是一个地域人民生活的真实写照，其中蕴含着乡村文明发展的历史进程，见证着农村家族文化兴衰的历程。寻找历史事件里的故事，就是重塑乡村文明的精神，让孩子在课程的进行中体验苦难、体悟人生，形成对人生生命的珍视过程，达到见证历史、珍惜生活的过程。

开设年级：一至六年级

学习目标：

1. 了解德平大地上曾经发生的历史故事和民间故事。

2. 了解自然灾害带给当地人民的生活磨难。

3. 了解各个时期德平人民争取自由和幸福的斗争历程。

4. 形成初步的历史观，树立社会主义核心价值观。

5. 能够采取多种形式查找、搜集资料，并进行梳理。

6. 能用自己喜欢的方式呈现德平历史故事，并进行一定范围内的交流。

实施的具体步骤：

1. 集体讨论关于德平历史事件需要搜集的项目、搜集整理的途径、整理呈现的形式。

2. 个人自主走访、搜集关于德平发生过的故事，用自己喜欢的方式呈现。

3. 班级进行德平历史故事会，形成过程研究资料，进行故事分类。

4. 按照故事分类，分组设立探究方案，形成对德平历史故事的思考，组织主题征文、文艺汇演、演讲等活动。

5. 汇总形成研究过程总结，形成课程实施路径与策略材料。

基本的实施方式：

个人走访、小组调查、研讨交流、多样呈现、表演展示。

具体的任务：

走访、展示、交流、汇总。

课程分布：

年级	主题	学习目标	实施方式	呈现方式	学时安排
一	德平民间故事	了解德平的民间故事和传说，形成了解家乡故事的兴趣。	指导家长协助，引导孩子搜集德平历史上的故事，并主动讲给别人听的基础上，先在班内交流，选派代表每月一次年级交流（每月每班推荐交流人员不重复）。	德平故事会	主要占用课余时间、节假日进行探访。提出问题，组织指导4学时，主要安排在课后延时时间。班内每天安排一到两名同学展示，年级每两个月安排一次展示，学校展示活动安排在六一儿童节和元旦综合素质展演。
二	德平大事知多少	知道德平发生过的重大事件，学会分类搜集资料信息。	通过阅读《临邑县志》《德平县志》《德平镇志》、走访当地老人，了解德平历史上的重大事件，并简单分类记录整理。	手抄报、黑板报、交流会、绘画展、情景剧。	主要占用课余时间、节假日进行探访。提出问题，组织指导4学时，主要安排在课后延时时间。班内每天安排一到两名同学展示，年级每两个月安排一次展示，学校展示活动安排在六一儿童节和元旦综合素质展演。
三	德平历史上的奇闻逸事	能够生动形象地讲述德平历史上的奇闻逸事故事，能够感受其中的精神魅力和蕴含的寓意。	通过村碑、史志资料，以及走访村族老人和有关专家，了解、讲述德平奇闻逸事，形成自己的价值判断。	故事会、资料展、情景剧、手抄报	主要占用课余时间、节假日进行探访。提出问题，组织指导4学时，主要安排在课后延时时间。班内每天安排一到两名同学展示，年级每两个月安排一次展示，学校展示活动安排在六一儿童节和元旦综合素质展演。

续表

年级	主题	学习目标	实施方式	呈现方式	学时安排
四	德平自然灾害故事	了解自然灾害给德平人民带来的严重灾难,体悟德平人民直面苦难、乐观向上的精神,形成自豪感和自信心。	查找资料、走访村居高龄老人,了解德平曾经发生的灾难,想象当时场景,撰写采访资料,形成多形式的展示过程。	故事会、手抄报、专题报告会、情景剧。	主要占用课余时间、节假日进行探访。提出问题,组织指导4学时,主要安排在课后延时时间。班内每天安排一到两名同学展示,年级每月安排一次展示,学校展示活动安排在六一儿童节和元旦综合素质展演。
五	德平红色记忆	知道德平人民为争取当家做主曾经进行的斗争故事,感受德平人民不畏强权、奋力抗争、争取自由的奋斗历程,形成爱祖国、爱家乡的价值观。	参观镇党史资料馆、新时代文明实践中心,阅读德平文史资料,走访慰问老党员、老战士、老英雄,瞻仰临邑县革命烈士纪念馆,了解德平历史上的红色故事,梳理形成关于德平红色历史故事的过程性探访资料。	德平红色故事报告会、德平红色故事情景剧、秧歌戏展演、手抄报、视频资料。	主要占用课余时间、节假日进行探访。提出问题,组织指导4学时,主要安排在课后延时时间。班内每天安排一到两名同学展示,年级每两个月安排一次展示,学校展示活动安排在六一儿童节和元旦综合素质展演。
六	德平现代发展故事	知道德平现代发展中的精彩故事,产生对家乡发展的自豪感和自信心,愿意为家乡未来发展努力学习,愿意将来以自己所学回馈家乡。	查阅相关史志资料,参观镇新时代文明中心,走访现代各个时代的建设者和见证者,形成过程性研究资料。	故事会、现代德平历史文化展、情景剧、秧歌戏、征文、主题演讲会。	主要占用课余时间、节假日进行探访。提出问题,组织指导4学时,主要安排在课后延时时间。班内每天安排一到两名同学展示,年级每两个月安排一次展示,学校展示活动安排在六一儿童节和元旦综合素质展演。

实施评价：

课程案例：

勇敢坚毅——德平自然灾害的启示

活动内容：

挖掘整理德平历史上的自然灾害故事及其启示。

活动年级：

四年级

活动背景：

一部乡村文明发展史，就是一部乡村大众与自然灾害的抗争史。而对于德平这样一个千年古镇来说，在建国以前，自然肆虐带来的深重灾难，伴随着的是来自残暴的统治者施与的剥削和压迫，进一步加重了他们的苦难历程。中华人民共和国成立后，德平历史上也曾经受过自然灾害的肆虐，但在党和国家的支持帮助下，人民得以喘息，改变了德平人民的命运。同样的灾害，不同的遭遇，正是我们的党、我们的国家建设社会主义带来的优越性。梳理自然灾害史，就是让我们理解社会主义核心价值观，重塑共产主义理想信念的体验过程。

活动目的：

1. 了解德平历史上曾经发生过的重大自然灾害，及其给德平人民带来的影响。

2. 知道德平历史上的重大自然灾害，及其与时代环境之间的相互作用带给德平人民的深重影响。

3. 理解人民对中国共产党的领导和社会主义道路的正确选择。

4. 体会社会主义的优越性，形成初步的社会主义核心价值观。

活动程序：

1. 走访村中老人，了解德平历史上曾经发生过的重大自然灾害，听他们进行讲述，还原现场。

2.查阅《临邑县志》《德平县志》,搜集德平历史上的重大自然灾害,形成探究性材料。

3.班级内进行交流、探讨。

4.举办探究活动交流。

5.编制德平自然灾害情景剧,进行情景剧展演。

活动评价:

实践三、平昌风采——德平风景名胜课程纲要

课程背景:

身处乡村,却对自己家乡的景色景物因为司空见惯和缺乏深度感受而熟视无睹,尽管教材中已经有了关于家乡了解的要求,却因为只按照教材内容教学,不能对接于真正的生活场景体验,而成为纸上谈兵。这就是现在乡村孩子存在的对家乡不了解,热爱家乡的情感不能真正形成的客观现实。作为千年古镇,德平镇历史上曾经留下了许多可圈可点的风景名胜,但随着岁月的变迁,一些曾经令人向往的美景已经不复存在,像"平昌八景"等景观,现在只能在相关诗词作品中显现。

从史料中查找德平风景名胜,实地探访现存的风景资料和文学作品,寻找现代承继下来的既有风景名胜,是让孩子获得家乡自豪感,形成对家乡的进一步了解,激发孩子热爱家乡情感的重要途径。让孩子到自然中去,到实地寻访,形成丰富的当地风景名胜的资料,并形成个性化的推介,才能真正形成体悟,触发和生成家乡情怀。

学习目标:

1.了解家乡的自然风貌。

2.知道德平的风景名胜。

3.形成德平风景名胜探究方案和研究资料。

4.写游记和解说词,向别人推介德平风景名胜。

5.感受家乡的美,热爱家乡的一草一木,珍惜家乡的美好生活。

实施的具体步骤：

1. 通过德平县志和网上查询，搜寻德平历史上的名胜古迹资料。

2. 师生共同探讨寻访的名胜，形成德平名胜古迹寻访方案

3. 根据居住地情况，有序组织家长带孩子到相应的风景点，进行实地探访调查，并自主采取相应方式记录探究情况。

4. 班内进行主题交流，按类别调整探究方案。

5. 以班级为单位组织分主题探访，形成研究性资料。

6. 组织"德平风情风貌展"，学生用自己喜欢的方式呈现德平风景名胜，并尝试写解说词，用汉英双语解说。

7. 汇总德平风景名胜研究资料。

基本的实施方式：

上网搜索、实地探究、群组交流、集体展示。

具体的任务：

搜集、整理、实地探访、多种形式呈现。

课程分布：

年级	主题	学习目标	实施方式	呈现方式	学时安排
一	德平风光知多少	知道德平的景点名胜，愿意了解感受德平风光美，形成发现美的眼睛。	组织学生实地感受德平景点，指导家长带孩子游览德平经典名胜，感受家乡美景。	绘画展、小型游览交流会	主要占用课余时间、节假日进行探访。提出问题，组织指导4学时，主要安排在课后延时时间。班内每周安排三到五名同学展示，年级每两个月安排一次展示，学校展示活动安排在六一儿童节和元旦综合素质展演。

续表

年级	主题	学习目标	实施方式	呈现方式	学时安排
二	德平平昌八景古迹	知道德平历史上的平昌八景及来历，结合平昌八景诗词文章，想象平昌八景的美，形成保护家乡环境的意识和愿望。	结合《道德与法治》相关版块，组织学生到平昌公园通过关于平昌八景介绍的展板实地探访，通过阅读相关诗词文章感受平昌八景曾经的美好图景，思考平昌八景消失的原因，形成人与环境关系的反思。	绘画展、交流会	集体现场探访2学时，课内交流2学时，自由利用周末、节假日实地深度考察4学时。每学期集中展示研究成果1次。
三	平昌历史古迹	知道曹参墓、葛公祠、白麟书院等历史古迹，了解德平曾经的悠久历史，形成文化自豪感，立志为家乡发展努力学习成长，愿意将来为家乡繁荣贡献力量。	师生共同实地考察一品荣丰牌坊、祢衡井、白麟书院、闫家古屋，协调家长带孩子考察古城遗址、曹参墓、葛公祠等遗迹，形成考察报告。	汇报会、绘画展、手抄报、黑板报、主题征文。	集体现场探访6学时，自由利用周末、节假日实地深度考察6学时。每学期集中展示研究成果1次。
四	德平环境新篇	知道德平发展带来的新景观、新环境，感受家乡的巨大变化，内心产生对家乡美好未来的期盼，愿意为家乡的发展奋发有为，将来投入家乡的建设。	分组实地采访德平环境景物新变化，形成调查过程性材料，进行展示交流。	绘画展、故事会、交流会、情景剧	自由利用周末、节假日实地深度考察、走访6学时。每学期集中展示研究成果1次。

续表

年级	主题	学习目标	实施方式	呈现方式	学时安排
五	德平名胜我来写	能够根据德平经典名胜的特点,写出有特色的解说词。	实地考察、查找资料基础上,选择自己感兴趣的德平名胜,试着写解说词。	主题征文、图片展示、绘画展、资料汇编。	各班每周2名学生各5分钟展示,每月一次专栏展示,学校每学期两次征文。
六	我在德平做导游	能够尝试使用汉英双语对德平风景名胜做解说,做到条例清晰,顺序和逻辑合理。	独立进行解说练习的,班级进行交流,学校组织进行汉英双语解说比赛,节假日学生自主到相关景点为周围群众解说展示。	德平景点名胜解说展示会、手抄报、宣传海报、现场解说。	集体现场探访6学时,自由利用周末、节假日实地深度考察6学时。每学期集中展示研究成果1次。

实施评价:

课程案例:

平昌八景——留在诗词里的美好记忆

活动内容:

探寻德平曾经的辉煌足迹与著名景点。

活动年级:

二年级

活动背景:

平昌八景,是散布于原德平老县城的八处被时人所称颂的具有代表性的美景,留有文人墨客对其兴盛时节的描绘,成为德平历史上重要的景点名胜记忆,也是一种乡愁的承载。

由于时代的发展,诗人笔下的平昌八景已经很难找回当年的辉煌,有的景点已经不复存在,存在的也因为周边环境的变化,而失去了美丽的光环。但是,寻找这些曾经亮丽的景色,感受这些景点的美的过程,也是让孩子重归田园、感受自然魅力的过程。这样一个过程，其实就是让孩子近距离接触自然、感受生活之美的过程。这样的一个过程，或许并不能在孩子身上马上起多大作用，但这样一个历程，可能带给孩子的就是对美好生活的向往、对生命醒悟的召唤，可以成为营养孩子精神的心理历程。

活动目标：

1. 了解德平历史上的平昌八景。

2. 知道德平历史上的平昌八景所处的位置，形成对原德平县地缘方位的轮廓概念。

3. 熟悉古代文人描写古代平昌八景的诗词文章，感受诗词文章中描绘的景色之美。

4. 以自己喜欢的方式呈现德平古平昌八景，进行交流。

5. 愿意主动地将关于平昌八景的相关情况介绍给他人。

实施程序：

1. 查阅德平县志、镇志，搜集关于平昌八景的知识进行交流。

2. 师生共同赶赴平昌公园，通过文化展板，阅读相关诗文，欣赏平昌八景的景观。

3. 周末节假日，在家长陪伴下，寻找关于平昌八景的现场，感受现代元素下平昌八景的现状，形成与古代平昌八景的比较。

4. 讨论交流平昌八景古今变化，形成对环境保护的思考。

5. 进行平昌八景探究过程展示活动。

实施时间：

主要利用周末节假日进行项目化探究，活动开始在课外活动、课后延时时间各安排 2-4 个学时进行集体研究筹划、项目展示交流评介等活动。

实施评价：

实践四、文化底蕴——德平民情风俗课程纲要

课程背景：

对于处于现代的孩子来说，一些曾经形成了我们为人处事的原则，已经远离了他们的生活，乡土优秀传统习俗中所包含的育人理念，已经成为他们不了解、不理解的细节，相关的礼节、礼仪，以及做人做事的原则规则，已经不同程度上远离了我们的优良传统。

德平镇虽地处偏僻，却也留下了民风淳朴的特点，很多蕴含着传统礼仪礼节的民风民俗，依然在乡村中保持着记忆的烙印。特别是在重大活动和重大节日期间的一些代表着乡民智慧和信念价值的特色习俗活动，在今天看来仍然有着承载优秀传统文化基因的现实意义，对于学校对孩子的养成教育具有可借鉴的意义。

挖掘、整理德平民风民俗，提炼其中蕴含的长期形成的礼俗和行为规范，发挥教化熏陶功能，实现良好家风、淳朴民风的传承与发展，既是对乡土情浓的有效继承，也是助力立德树人根本任务实现的重要途径。

学习目标：

1. 了解传统节日习俗的来历及文化。

2. 绘作传统习俗手抄报，撰写传统习俗考察日记。

3. 编写传统习俗剧本，表演德平特色习俗。

4. 走访杜臻庙会现场，体验民俗文化，感悟乡土传统魅力。

5. 学习待客传统礼仪，学会待客之道。

6. 学习传统民俗文化，感受中华乡土文明，形成文化自信。

实施的具体步骤：

1. 上网搜集我国传统习俗，共同探讨搜集、整理德平民风民俗的实践方案。

2. 个人选择感兴趣的德平民俗，进行系统的整理、研究和展示。

3. 班级举办"我知道的德平民俗"展示。

4. 讨论德平民俗的种类和内容，分组进行主题实践和研究。

5.组织全校"德平民俗风情展示交流会",学生用自己喜欢的形式,进行展示。

6.组织"德平民风民俗研究"交流会,交流研究过程与收获。

7.整理形成过程性材料和研究成果材料。

基本的实施方式:

走访搜集、上网查询、群组探究整理、个性化展示交流、情景剧编排展演。

具体的任务:

搜集、整理、创作、展示、汇总

课程分布;

年级	主题	学习目标	实施方式	呈现方式	学时安排
一	德平待人接物习俗	知道一些简单的德平待人接物规则,能够按照这些礼仪待人接物。	引导孩子自己向村居中的老人了解德平待人接物的礼节,在班内进行交流演示,相互纠正,慢慢形成习惯。	绘画展、交流表演、情景剧、打卡展示。	
二	年节里的德平人	知道德平年节习俗,体验拜年、猜灯谜等年节活动,感受德平年节习俗里的热闹气氛和家庭和谐,初步学会实践德平年节礼节。	学生自主访查家中老人和周边长者基础上,进行班级交流展示。邀请民俗专家讲解示范年节礼俗及其文化内涵。学生实践年节礼俗,并进行展示。	手抄报、绘画展、情景剧、打卡展示。	
三	德平人的一年四季	知道二十四节气的来历及相关知识,了解德平人民四季特色节庆习俗,喜欢探究节气知识和本地习俗。	个人收集二十四节气的知识,进行班级交流,农耕文化基地现场参观感受二十四节气文化及与季节的关系。	手抄报、绘画展	

年级	主题	学习目标	实施方式	呈现方式	学时安排
四	德平婚嫁习俗	知道德平本地的婚嫁习俗，形成对当地婚嫁习俗的正确认识，能够就婚庆文化继承和移风易俗给出自己的理性判断。	观察了解德平婚嫁礼仪，探访德平有关婚嫁的习俗，以及婚嫁文化的变化，进行班级交流、形象展示，形成对德平婚嫁文化的思考与分析。	手抄报、绘画展、展示会、情景剧。	
五	德平丧葬习俗	知道德平丧葬习俗及其中蕴含的孝文化，感受孝老敬亲、慎终追远的亲情延展，能够理性地看待丧葬习俗。	观察了解德平丧葬礼仪，探访德平有关丧葬的习俗，以及丧葬文化的变化，进行班级交流、形象展示，形成对德平丧葬嫁文化的思考与分析。	手抄报、绘画展、主题征文、调查报告。	
六	移风易俗德平人	知道德平民风民俗的实质内涵，能够理性分析德平民风民俗的现象，给出合理的移风易俗方案。	对德平历史上存在和延续下来的风气习俗进行理性分析，并对照形成核心价值观视角下的传承发展思路，形成移风易俗的方案，做到既保持优秀的风气习俗，又摒弃不符合新时代社会主义核心价值观的风气习俗。	调查报告、辩论会、秧歌剧	

实施评价：

课程案例：

拜年——传承敬老孝亲德平文化

活动内容：

学习拜年等德平传统年俗礼仪。

活动年级：

二年级

让乡村优秀传统文化基因融入师生血液

>>>>>> 一所乡村小学的乡土文化课程突围

活动背景：

我国自古以来就将"跪天跪地跪父母"作为顶天立地的大写的人可以屈膝的仪式，祭祀祖先是为了感谢和怀念，跪敬父母是心底的感恩。大年初一的拜年仪式，是中国几千年传承下来的敬畏祖先、孝老敬亲的重要礼仪，其中蕴含了中华民族文化中的孝文化，是情感牵系、尽管生活在农村，由于传统过年礼俗的进一步简化与削弱，象征着敬老孝亲的传统拜年仪式也逐渐淡出人们的视线，百年的仪式以及其中蕴含的中华民族世代传承的孝道文化，也远离了现代农村孩子的生活。

形式可以简化，孝道和亲情不可丢失。我们邀请优秀民俗专家带孩子一起重温拜年等过年传统，恢复孝亲敬老的仪式感和庄严感，就是要把中华民族的文化之源、精神之根，融入每一个孩子血液，成为营养其孝道与责任仪式的不竭源泉，成为有根有魂的中国人。

活动目标：

1. 了解农村拜年的习俗文化。

2. 知道春节拜年的文化内涵和基本礼仪。

3. 能够用规范的动作开展拜年礼仪活动，从仪式感中感受孝道文化。

4. 养成传统文明礼仪习惯。

实施程序：

1. 走访村中老人，了解过去过年时习俗故事。

2. 查阅资料，了解传统年节习俗，并进行班内交流。

3. 询问家中老人，了解拜年习俗及原来村中拜年盛况。

4. 听民俗专家讲拜年文化，熟知拜年礼节与文化，感受孝道。

5. 学习拜年礼仪，知道其中的不同文化。

6. 进行拜年仪式，录制视频，体会庄重的仪式感。

7. 体会年节里的家风传承与民族精神之间的关系。

活动评价：

实践五：爱的养育——德平特产名吃课程纲要

课程背景：

随着生活的快节奏，以及农村青壮年劳动力大量外出带来的乡村空巢与乡村留守，隔代教育已经成为常态。隔代教育所带来的生活上物质上的无限度满足，使很多农村的孩子也不可避免地进入快餐化的时代。同时，由于长期外出，与孩子相处时间较短带来的外出人员回家时带来的各种琳琅满目的各类特色小食品，又进一步异化了孩子的味蕾。在农村的很多家庭，现在也很难见到袅袅的炊烟和热腾腾自己准备最简单的食材做出的可口的饭菜。有人说，热爱做饭的人，也是热爱生活的人，热爱做饭，是对于享受生活之美的一种过程体验。而这样的过程，正在远离包括乡村孩子在内的很多儿童少年，家庭美食带来的浓浓的家庭气氛和亲情呼唤，正在渐渐远去。如何让孩子在饮食文化中体验家庭生活之美和融于其中的人生智慧，成为我们思考的一个重要课题。

德平镇千年悠久文明史，也同样孕育出了具有地方特色的美食文化。在这里，有着享誉省内外的德平小米宫廷窝头、润泽鲜香的德平熏鸡，有着物料独特、配料讲究的德平北派四喜丸子，依然传承着地域文化特色的年节系列炸品。这些美食的制作工艺讲究、用料实在、风味独特，承载着几千年的饮食文化智慧，也成为礼尚往来的馈赠佳品。这样的特产名吃作坊，成为我们开发乡土特产名吃课程的丰富资源。

学习目标：

1. 了解德平美食种类及作坊分布。

2. 了解德平美食制作流程与制作条件。

3. 了解德平美食背后的故事。

4. 学会制作德平美食，形成与所学学科知识的联系。

5. 尝试创新德平美食制作工艺，形成实验工作报告。

6. 能够及时清理操作现场，形成节约习惯。

7. 体会德平美食制作过程中的劳动艰辛与快乐。

实施的具体步骤:

1. 走访搜集德平美食种类与代表性作坊和美食主要传承人。

2. 讨论探访的场所和人员,形成探究方案。

3. 按照兴趣,分组进行不同类别的美食作坊和传承人探访,了解美食来历、传承历史和基本制作流程。

4. 以小组为单位撰写探访报告,班内交流。

5. 校内美食体验馆进行实践,观察传承人配料流程及比例,以及制作操作过程,形成实验观察报告。

6. 校内美食体验馆实践操作,亲手制作,撰写体验报告。

7. 设计德平美食推销文案,进行美食推介展示会。

8. 梳理实践研究过程,形成研究课程资料。

基本的实施方式:

走访记录、实地观摩、群组探究记录、动手实践、撰写制作流程和探究实践报告、作品推介交流。

具体的任务:

分类整理、撰写探访日记、绘制制作流程、实践制作作品、个性化展示、推介作品。

课程分布:

年级	主题	学习目标	实施方式	呈现方式	学时安排
一	德平美食人生	知道德平有特色的地方美食和主要特色,了解德平特色美食的分布。	访问家长及周边人员,了解德平美食,按照分类进行实地探访,找到相关的美食特色和分布情况,进行交流。	绘画展、手抄报、汇报会	

续表

年级	主题	学习目标	实施方式	呈现方式	学时安排
二	德平美食里的故事	了解德平地方美食的来历与传说，形成探究德平美食的兴趣。	查阅资料，探访德平美食主要代表门店，了解德平各种美食的来历与传说，尝试进行宣传文案的设计。	手抄报、绘画展、宣传海报、美食解说文案制作、情景剧。	
三	德平美食流程	知道德平美食的加工流程，能够将德平美食加工过程形成解说文字和流程图。	探访美食制作作坊，了解德平美食制作流程及其原因，通过自己喜欢的方式，还原制作流程和条件。在家庭中观察家长食品加工过程，尝试制作简单的家庭美食和菜肴。	手抄报、绘画展、流程图展示、主题征文、情景剧。	
四	德平美食我来做	能够制作小米窝头、四喜丸子等德平美食。	在经过德平美食作坊进行细致观察基础上，在校内美食体验馆尝试按流程制作小米窝头、四喜丸子等德平美食，由学校聘请的德平美食传承人进行现场纠偏指导，形成锻炼与体验。在家庭中尝试制作各种家常食品和菜肴。	美食现场制作和展示、视频展示。	
五	我为德平美食言	能够基于自己对德平美食的了解，设计德平美食推销文案，借助抖音等媒体形式进行推介尝试。	独立形成德平美食推销文案，班内进行交流，学校每学期组织文案评选和德平美食模拟推销展示活动。	手抄报、绘画展、主题征文、现场展示会、情景剧。	

续表

年级	主题	学习目标	实施方式	呈现方式	学时安排
六	美食创造生活	了解国内外各地美食文化，能够对德平美食进行个性化创新改进过程，形成德平美食创新发展。能够对原料比例、花样、造型等形成个性化调整和实验，形成节约意识和及时清理实践场地的习惯，以及创新思维能力和热爱生活的态度和能力。	在校内美食体验馆和家庭中尝试德平美食制作改良，学会各种家庭美食制作。	现场展示讲解、科学实验记录分析报告、主题征文。	

实施评价：

课程案例：

粗粮细吃——探究小米窝头里的美食奥秘

活动内容：

寻访探究德平小米窝头里的美食奥秘。

活动年级：

三年级

活动背景：

德平宫廷小米窝头，是上过中央电视台美食节目的地方名小吃，也是享誉省内外的物美价廉的馈赠佳品，成为大家喜闻乐见的日常美食。德平小米窝头、德平熏鸡、德平四喜丸子、德平年节炸品，是长期代表着德平人民生活美好象征的特色美食，其中，尤以德平小米窝头有着与某位皇帝的一段美丽传说相联系，且以口味香甜、货真价实、零添加剂而保存时间短，而稳居鳌头。

生活的富足、生活水准的提高，曾经因使用小米面这种高档粗粮制作而成为人们用来解馋的小米窝头，现在已经可以成为寻常人家饭桌上的常客。而对于现在的农村孩子来说，花样繁多的零食，早已冲淡了他们对于这种粗粮的向往。所以，尽管制作德平小米窝头的传统作坊依然门庭若市，却很难唤起孩子们对它的关注与探究。启动对德平小米窝头的探究研究过程，其实就是要唤醒乡村美食文化的记忆，让孩子们感受生活的美好，向往用自己的双手创造美好的未来。

活动目标：

1. 了解德平小米窝头的制作流程，用自己的方式呈现。

2. 了解德平小米窝头的基本原料配比，及其对口感的影响与作用，明白合理配比是保证美食品质的重要保证。

3. 了解德平小米窝头的营养价值，体悟粗粮细吃的益处。

4. 能够撰写德平小米窝头调查研究报告，做到条理清晰，简单明了。

实施步骤：

1. 实地参观德平小米窝头加工作坊，观察、记录德平小米窝头制作过程。

2. 走访小米窝头作坊，探访小米窝头的原料配比与道理。

3. 品尝不同作坊的德平小米窝头，体会口感，研究出现差异的可能原因，并进行观察求证。

4. 尝试绘制德平小米窝头制作流程图，并进行文字说明。

5. 撰写德平小米窝头考察报告。

活动评价：

实践六：工匠精神——德平民间技艺课程纲要

课程背景：

长期的应试评价，孩子很少接触社会的各种行业。长期地封闭在学校和家庭之间，对孩子的教育往往形成只关注于知识地积累和应用，而往往忽视让孩子进行大量的实际操作和实践。虽然小学也开设了科学、劳动和综合实践活动课程，但毫不避讳地说，环境条件和老师教学理念、意识地制约，在很多学校，科学课往往也因为要应对考试而被变为照本宣科的死记硬背和考试前的集中突击行为。对于像劳动、综合实践活动类的所谓"副科"，往往会被边缘化为仅仅在课程表上体现。这样的一种教育过程，严重制约了孩子动手动脑能力的发展，使大量孩子成为高分低能，甚至是低分低能的知行难以合一的低素养人群。如果不能为孩子创造一种真实的生活化场景，让他们进行真正的实践创造，就无法让他们适应将来学习和工作的综合发展能力，以及精益求精、创新高效的思维品质和行为能力。

德平历史上曾经出现了许多著名的工匠，成为创造中华文明史的杰出人物。作为拥有千年灿烂文化历史的老县城底子，也曾经形成了行业齐全、工匠辈出的良好发展局面。随着时代的变迁，一些传统的工匠行业已经渐渐淡出社会的视线，一些曾经凝聚在这些行业匠人身上的精益求精的精神、严谨认真的态度，也随逝去的岁月即将成为历史。寻找这些传统工艺及行业匠人，记录与再现这些优秀的工艺，形成优秀传统工艺中的文化和精神传承，是对孩子实践力和创新力的启发，更是对凝聚在优秀工匠身上的优秀基因的发现与继承，对于形成孩子的劳动意识、坚忍精神、实践能力和创新素养都有着天然的优势。

学习目标：

1. 了解德平历史上曾经出现过的传统技艺及传承艺人。

2. 了解德平传统技艺工具及使用方法。

3. 知道德平传统技艺制品中蕴含的文化。

4. 感受优秀传统技艺工匠身上的优良精神特质。

5. 能够设计传统技艺制品，并使用传统技艺工具进行制作。

6. 能够在传统技艺制作过程中，应用所学学科知识进行解释。

7. 形成传统技艺制作中的劳动感受和成功体验，形成创造的兴趣。

实施的具体步骤：

1. 师生共同讨论确定关于德平传统技艺研究的范围、选择内容、组织方式和呈现方式。

2. 个人选取自己熟悉或者感兴趣的项目，走访身边的德平传统技艺传承艺人。

3. 以班级为单位交流走访成果，形成研究资料。

4. 撰写传统技艺制作流程，进行传统技艺设计。

5. 在学校传统技艺体验馆，进行观察、设计和创作传统技艺制品。

6. 梳理研究过程，形成课程资料，形成德平民间技艺课程研究性材料。

基本的实施方式：

乡村寻访、走访咨询、群组探究、整理呈现、交流研讨。

具体的任务：

探访、整理、分析、呈现、创新研究。

课程分布：

年级	主题	学习目标	实施方式	呈现方式	学时安排
一	能工巧匠出德平	了解德平曾经存在的行业及工匠，知道各类工匠带来的社会进步及传承状况。	观察日常生活中的各类工匠，查阅资料了解德平历史上的工匠带来的贡献，走访村中的老年人，寻找曾经为人们带来便利的各种行当。	绘画展、手抄报、情景演示、交流展示。	
二	绳结里的科学与美	了解生活中的绳结形式，知道绳结带个人们的作用，能够设计绳结变换和其中作用，感受绳结艺术美。	观察生活中的绳结应用，班内进行讨论交流，尝试设计编制各种绳结，进行个性化展示。	绘画展、手抄报、绳结艺术征文、绳结编制展示。	

续表

年级	主题	学习目标	实施方式	呈现方式	学时安排
三	织出一片新天地	了解纺织行业的历史发展进程与趋势，尝试进行全流程纺织过程，体会其中蕴含的人生智慧，形成对纺织业发展的展望和人类创造美的感受。	在村里进行走访，了解曾经出现过的纺织工具及使用，查找跟纺织业发展有关的传说故事和典故，进行交流。走访村中老人，了解纺车、织布机的操作，体验操作过程。在学校乡村技艺体验馆尝试使用简易织布机体验，感悟劳动过程，形成体验成果。	绘画展、手抄报、主题征文、情景剧。	
四、五、	榫卯架起脊梁来	了解榫卯在生活中的应用情况，学会使用榫卯技术制作木制模型，体会榫卯中的科学，能够应用榫卯技术设计制作木工框架。愿意通过劳动和智慧创造生活，改变生活。	观察了解日常生活中的榫卯结构，探寻榫卯技术的科学应用，在学校乡村技艺体验馆尝试体验榫卯器具模型设计和制作。	主题征文、手抄报、榫卯作品展、榫卯探究资料展。	
六	双手创造生活美	了解德平工匠所做出的社会贡献，知道工匠精神的内涵，愿意用自己的勤劳和智慧建设美好家园，为实现民族复兴做出自己的努力。	分析理解德平传统技艺中凝结的工匠精神，学习其中蕴含的民族文化，形成交流、辨析和思考。	手抄报、主题征文、主题演讲、情景剧编演。	

实施评价：

课程案例：

榫卯架起脊梁来

活动内容：

学习榫卯制作

活动年级：

四年级

活动背景：

学习目标：

1. 了解生活中的榫卯结构及其广泛应用。

2. 知道榫卯结构的功能与作用。

3 认识榫卯制作工具，并进行初步的尝试使用。

4. 尝试进行榫卯制品设计，并应用榫卯制作工具进行加工制作。

5. 体会榫卯技术的魅力，体验创造美的过程。

实施步骤：

1. 自主探访日常生活中的榫卯结构，与现代木工制作产品进行比较交流。

2. 走访村中老人，了解他们对榫卯的体会与认识。

3. 观察榫卯结构的特点，体会其功用。

4. 寻找榫卯制作工具，猜想其作用，并进行验证。

5. 查找榫卯设计图，观察其要点，并进行尝试设计。

6. 尝试使用常见的榫卯工具，进行简单的榫卯器具制作，并不断尝试改良。

7. 撰写榫卯技术考察报告，进行传统榫卯艺术的推介。

活动评价：

实践七、生命之光——德平农耕文化课程纲要

课程背景：

地处乡村的儿童少年，理应是接触大自然最多，了解农业农村的孩子。但是，随着农业科学的发展，农业机械化程度的不断提高，原来需要投入大量时间和人力物力进行的农业生产过程，变得越来越轻松。以至于原来曾经

长期出现的早起晚睡的生产劳动过程，变成了麦收大忙季节，成年人也聚在树荫打扑克等待大型收割机作业的悠闲姿态。作为非劳动力的儿童少年，也就更是几乎与农田、农业生成相脱离，成为不事农桑的悠闲人。古代文人所描绘的"童孙未解供耕织，也傍桑阴学种瓜。"已然杳无踪迹，辛弃疾笔下"大儿锄豆溪东，中儿正织鸡笼。最喜小儿无赖，溪头卧剥莲蓬。"的田园之趣，也早已荡然无存。甚至，就连古人所嘲讽的贵族子弟身上的"不知稼穑"，也毫无悬念地出现在农村儿童少年身上。更别说传承中华民族几千年农耕文明带来的智慧了。

同时，由于封闭的成长状态，孩子们不仅不了解农耕文化的精神内涵，同样不了解的是现代农业发展的趋势和进程，感受不到农业科技带给农村的发展。再加上社会评价的影响和农村家庭急于脱离农村环境的欲望，孩子感受不到农业农村的美好，更感受不到农村美好的发展前景，形不成对家乡的依恋情感，也就不会产生将来回报家乡的志向和愿望。可以说，乡愁正在远离这些农村孩子的精神世界，孩子的努力方向也就缺少了有根有魂的动力支撑系统。

让孩子寻访农耕文明的发展史，参加劳动的实践，参与农业科学研究，了解农业，了解农村，并把自己所学的学科知识在农耕文化课程的实践中进行应用和创新，才能让孩子看清脚下的路，看到农业、农村的未来，感恩自己成长的土壤，形成植根于农村文明的完整生命成长，才有可能在将来用自己的所学回报农村，回报家乡，才有可能让孩子成为有根有魂的中国人，筑起中华民族的精神脊梁。

作为千年古镇，德平有着悠久的农耕文化积淀，农业产业品类齐全，形成了植根本地域的农耕模式。同时，镇域内有全国人大代表、山东省党代表、山东粮王魏德东创办的富民家庭农场，并形成了各级农业科学研究院和农业科学家相联系的农业科学实验基地，建立了山东农业大学研究生实践研究基地，筹办了德州市青少年研学基地。农场内设施齐全、设备先进、农业生产环节完备，兼具了农耕文化历史承载和现代农业技术发展的元素，并在我们的协助下设置了游戏和拓展训练区，规划了具有文化气息的道路和绿化环境文化，被我们创建为临邑县第一处"青少年社会实践活动基地"，为我们引领孩子们了解德平农耕历史、进行结合于学科教学的科学探究活动、了解农业发展历程、展望未来农业发展趋势提供了课程资源和实践场所。

同时，在新校建设时，我们在学校东南角预留了一块校内农耕文化实践基地，大家将它成为"未来小农场"，并群策群力，按照地形用各种集合图形分割为不同的地块，按照区域方位、地块形状和面积大小规划为不同的农作物种类，周边栽植果树，构建了乡土农耕文化的实践环境，使农耕文明的种子在实践中生根发芽。

学习目标：

1. 认识、了解农具的种类、变迁和作用。

2. 能够使用相应农具进行系列农业劳动。

3. 了解二十四节气知识以及与农耕的关系，知道关于节气与农耕关系的相关谚语，以及其中的规律和道理。

4. 了解农业发展历程、农业科学家和现代农业发展趋势。

5. 能够根据季节和节气选择合适的植物进行种植和管理，根据季节进行收获活动。

6. 能够应用微型气象站，进行数据采集、整理与分析。

7. 能够运用学科学习知识，参与农业科学研究过程，学会分析不同条件下作物生长状况和产量之间的关系，尝试按照科学规律种植作物。

8. 愿意参与农业生成过程，体验劳动的艰辛，形成自己的感受，享受收获的快乐成就。

实施的具体步骤：

1. 实地参观富民农场，整体感知农耕文明的过去、现在和未来。

2. 现场认识各种农具，了解农具功能，并尝试使用农具劳动。

3. 用自己的方式，组成材料介绍农业历程、工具及其功用，并给出使用经验和体验。

4. 分组按节气分类搜集二十四节气知识及相关诗词、文章，以及与农业生产和人体养生的关系。在不同的季节和节气进行气象监测数据记录，分析节气与气温变化的关系。

5. 按照划定区域，测量、计算面积，整体规划种植植物及轮作，尝试不空茬，并进行种植和管理，观察记录。

6. 参加富民农场作物种植对比试验，记录、分析同一种类不同水肥条件下的成长，以及不同品类同等水肥条件下的生长差异，尝试科学种植。

7. 参观无人机喷洒预防，记录整理、尝试操作。参观自动化培肥车间和粮食收获、烘干、存储车间，感受现代农业。

8. 撰写未来农业发展前景构想，设计现代农场管理场景。

基本的实施方式：

主题探究、走访查询、实践应用、科学探究、展示呈现。

具体的任务：

上网查询整理、实地搜集探究、实践探索实验、小组合作研究、学科学习融合、撰写实践报告。

课程分布：

年级	主题	学习目标	实施方式	呈现方式	学时安排
一	千姿百态好农具	了解曾经出现的老农具，知道各类农具的基本功用，初步学会使用简单的农具进行劳动。	在村里寻找、了解现在还保存着农具和用途用法，在农耕文化实践基地辨识老农具，了解其功用，并使用简单农具进行实践劳动。	绘画展、口语交际、视频展示	
二	农耕文明与二十四节气	了解二十四节气的来历与文化，知道农耕与节气的关系，积累关于二十四节气的文学与养生健康知识，养成"相时而动"的有规律作息。	参观实践基地，现场感受二十四节气知识，网上查找搜集资料，进行交流探讨，按照时间节点，在小气象站进行观测和记录数据，查找交流关于二十四节气的谚语、古诗词和绘画作品，创作自己的二十四节气手抄报。	绘画展、手抄报、主题征文、情景剧	

续表

年级	主题	学习目标	实施方式	呈现方式	学时安排
三	杰出的农业科学家	了解我国历代农业科学家及其贡献，知道我国现在的著名农业科学家和他们的科学探索，能够跟着农技人员进行简单的农业科学实验和数据记录分析，愿意进行农业实践和研究，形成科学农业理念。	参观社会实践基地农业科学家长廊，上网搜集我国农业发展中做出贡献的农业科学家，按照分配地块应用农业生产工具进行农业劳动实践，参加农业科学种植对比试验过程，学习科学观察、管理和数据记录、整理、分析的方法，感受现代农业流程和发展的魅力。	手抄报、观察日记、实践报告、丰收节展示。	
四	我来建设小农场	能够根据季节选择不同的植物进行种植和管理，会使用相关农具进行农耕活动，能够实地测算面积合理种植，做到错落有致、层次分明，并记录植物生长过程，形成观察研究资料，体会劳动的快乐与收获。	根据分配地块情况，进行测量计算，规划种植种类和种植时间，进行种植管理过程，撰写管理日志，对成熟植物蔬菜进行收获分享。	规划论证会、种植日志、劳动情景剧、成果展销会	
五	世界农业大观园	了解我国及世界农业发展状况，体会农业发展进程，形成探索农业科技发展的兴趣。	通过上网查询、走访村中老人，寻找我国农业发展的巨大变化和农业科技的巨大助力作用，通过参观实践基地现代化农业发展模式、现代化测土培肥、仓储、农作物对比实验等科学手段，形成研究的兴趣。通过网上查询，了解世界农业科技发展前景及趋势，形成对未来农业发展的蓝图规划和畅想，感受农业农村广大天地的未来可期，以及农业科技发展带给人类的巨大贡献。	手抄报、绘画展、主题征文	

续表

年级	主题	学习目标	实施方式	呈现方式	学时安排
六	我是未来农业家	了解农业作物种植和科研流程，能够创意性地合作进行现代农业种植实验，科学规范记录研究过程，体验生命成长的神奇和研究过程的成就感。	在划定的班级责任区域进行现代农业种植实验，尝试覆膜种植、无土栽培、嫁接实验、水肥实验等规划和种植，并进行过程管理、成果收获和产品推介。	科学研究报告、成果展示分享、科学种植讲座。	

实施评价：

课程案例：

农耕文明与二十四节气

活动内容：探究二十四节气的产生与我国农耕文化的关系。

活动年级：

二年级

活动背景：

在数千年的中华农耕文明中，产生了无数凝聚着我国先民劳动智慧的结晶，农耕文明与天文历法、农耕文明与节气节令是一脉相承的传承与发展，其中，二十四节气更是我国人民在农耕文明的发展进程中创造出来的应时而动、尊律而行的传统瑰宝。随着城市文明的发展和农耕技术的提升，作为在长期农耕文明中产生出的二十四节气及其蕴含的文化元素，已渐渐淡出人们的视线，其中的文化育人功能也成为急需传承和发展的重要财富。

通过在农耕文化课程实践基地布设有关二十四节气的来历、文化、特点、诗词、农谚、养生知识文化长廊，让孩子从感性上认识二十四节气，通过二十四节气的时令季节观察、记录、验证、分析二十四节气与农耕文明的相互关系，理解具有代表性的诗词、谚语，体悟我国农耕文明发展的科学历程，感受我国先民"相时而动"的农耕智慧和为人处事睿智，体悟农耕文明中的深厚文化，对于形成儿童少年的民族自豪感和自信心，形成为国家强盛而不懈努力的愿望和尊重规律、科学发展的科学精神具有重大的实践意义。

学习目标：

1. 了解二十四节气来历，以及与我国农耕文明的密切关系，懂得"应时"的道理。

2. 知道关于二十四节气的谚语及道理。

3. 积累关于二十四节气的诗文，体会诗文中的传统文化之美。

4. 懂得"相时而动"的成长智慧，能够按照成长规律规划和行动。

实施程序：

1. 进入富民农场农耕文化课程实践基地，参观浏览二十四节气文化长廊，并进行学习交流。

2. 上网搜索关于二十四节气的知识，制作手抄报、宣传画。

3. 小组合作，在微型气象站按照节气进行观察和数据记录分析，与二十四节气的征候相对照，进行验证，用自己的方式呈现。

4. 按照季节规律，进行农作物种植与管理，建立观察日志。

5. 进行二十四节气与农耕文明探究成果展示展演。

活动评价：

实践八、文脉传承——白麟书院文化课程纲要

课程背景：

自五四运动开始，儒家文化所代表的中国优秀传统文化被诟病弱化，打破了以孝德、家国天下为内容的儒家文化对社会的巨大影响。近些年，随着外来文化的冲击，以及城市文化的兴起，长期影响农村精神的优秀乡土文化不断走向衰退，甚至消亡。娱乐至死的西方快餐文化，更是将农村人的精神生活进一步拉低。个人主义、享乐主义、痞子主义，冲击着优秀乡土文化凝结在人民群众身上的诚信、好义、尚儒等优良品质，影响着人们的处事原则和行为方式。所以，才有了前些年的"端起碗来吃肉，放下筷子骂娘"，才

有了前几年关于苏北农村文化颓废、赌博风行的精神之殇的文章。

而儿童少年作为尚没有形成稳定价值观和判断力的群体，在这样的环境中成长，必然会收到潜移默化的负面熏陶。再加上乡村空巢、儿童留守带来的生活满足、精神失管现象，以及网络世界充斥的血腥、恐怖、玄幻等主题的网页内容和大型网络游戏带来的脱离现实的虚幻所造成的儿童少年戒不掉的网瘾和精神世界的空虚，造成了儿童思想素质的弱化和行为方式的失范，以及良好习惯难以养成的困局，亟须进行精神文化的养育，行为习惯的培养。

书院是古代中华儒家文化的重要传承场所，是中华民族价值观传承和学术发展的精神高地，更是中华文脉传承的重要途径，在中华文明史发展中有着举足重轻的地位。德平白麟书院是承继了明代德平县的官方教育场所，是明清时期文脉传承与兴盛的象征，现存的白麟书院讲堂，是建于清道光二十三年（1843 年）的建筑物，曾长期作为白麟书院和后来的白麟学校办学场所，是德州市重点保护文物，并于 2019 年完成整修。《德平县志》和新编纂的全国名镇志——《德平镇志》，都记载了它的原有规模和历史沿革，以及德平书院曾经确立的书院精神。这些精神，既是对儒家精神的内化与传承，又有相当部分跟我们完成立德树人根本任务，有着重要的借鉴意义。挖掘、整理白麟书院的史料、恢复具有儒家传承意义的优秀传统文化形式和内涵，进行课程化建构过程，也是在实践中寻找"士"的家国天下情怀，形成学生格物致知、知行合一的行为准则和礼仪规范。

学习目标：

1. 了解白麟书院的历史变迁，及与学校的渊源。

2. 了解白麟书院的精神文化，以及所产生的影响。

3. 学会书院文化礼仪，形成与学校纪律规则的对应理解。

4. 体悟白麟书院精神内涵，立志勤学启智，践行德行一致。

5. 领悟古代"士"的精神，言行儒雅、胸怀家国天下。

实施的具体步骤：

1. 结合德平风景名胜课程，提出关于白麟书院文化的研究方向，讨论形成探究实施方案。

2. 小组为单位上网搜索白麟书院的相关内容，阅读《德平镇志》，提取阅读资料，进行班内交流。

3. 走访研究白麟书院培养出的学生情况与成就，讨论他们取得成功的原因，并与史料进行对照分析。

4. 搜集书院课程及相关礼仪知识，规划设计书院活动课程。

5. 举办开笔礼、书法、武术等活动，形成过程性体验。

6. 举办书院文化活动展示，形成过程性资料。

7. 对照分析书院文化和活动与学校现有纪律规则，思考讨论如何形成书院文化的创新传承。

8. 梳理整理研究过程及资料，形成课程性材料。

基本的实施方式：

上网查询、走访探寻、交流整理、实践传承、创新研究。

具体的任务：

搜集整理、仪式推动、生活化实践、创新传承。

课程分布：

年级	主题	学习目标	实施方式	呈现方式	学时安排
一	开笔启智润人生	了解书院开笔礼的基本程序及文化意义，参加开笔礼感受仪式感的庄重，学习入学学习的一些规范，养成规范学习的习惯。	举行开笔礼仪式，鼓励学生讲述参加过程和感受，将开笔礼与守则规范的学习进行联系，用自己喜欢的方式展现学习内容。	视频展示、绘画展、手抄报。	

年级	主题	学习目标	实施方式	呈现方式	学时安排
二	书院名人知多少	了解白麟书院的历史及培养出的历代优秀人才。搜集整理建设白麟书院的功勋人士，以及培养出的德平历史人物特质。愿意学习承继白麟书院的榜样，成为有用的人才。	查阅县志、镇志，走访村中老人，了解白麟书院的来历、变迁，以及曾经有过的规模。实地探访白麟书院遗址，探寻白麟书院有关的优秀人物，交流白麟书院人物品质，吸取榜样的力量。	绘画展、手抄报、探访日记、故事会。	
三	书院文化礼仪传				
四	寻找新书院精神				
五					
六	我是书院小名人				

实施评价：

课程案例：

开笔礼——系好人生第一粒扣子

活动年级：

一年级

活动背景：

人生需要仪式感，教育也同样需要仪式感。作为古代入学的重要仪式——开笔礼，是古代读书人的人生四大礼之首，是古代书院书塾收徒授学、启智开蒙的重要庆典，有着立规、立学、立品、立身，以及尊师礼序的重要指引意义。《礼记.学记》中说："大学始教，皮弁祭菜，示敬道也。《宵雅》肄三，官其始也。入学鼓箧，孙其业也。夏楚二物，收其威也。"开笔礼，就是这样的拜师、立规、示道、启智的庄重仪式。

对于现代的孩子来说，开笔礼的仪式感，给了他们庄重的程式，要形成化于日常的学习和行为规范，还需要与现代管理相结合。开笔礼后的日常管理，还要结合对照守则、规范来进一步落实，这就有了借鉴、传承与创新。让孩子在古典礼仪仪式中进入氛围，将守则、规范落到实处，这就是开笔礼举办的重要实践意义。

学习目标：

1.了解古代书院开笔礼的基本仪式与程序。

2.知道开笔礼所蕴含的文化含义与价值。

3.规范参加学校组织的开笔礼活动，感受体验开笔礼的庄重仪式感。

4.将开笔礼蕴含的规则、习惯、礼仪与中小学生守则相对照，形成良好的行为习惯。

实施程序：

1.上网查询开笔礼的视频。

2.引导领会开笔礼仪式要求。

3.能够按照要求完成开笔仪式，并做到庄重严肃、遵规守矩。

4.学习中小学生守则，对照分析开笔仪式中的要求进行讨论。

活动评价：

实践八、多元融合——德平大秧歌课程纲要

课程背景：

为了保障学生身体健康，国家研发了学校学生广播体操，形成了日常整齐划一的课外体育健身形式，促进了学生身体素质的提高。在实施的过程中，我们发现，尽管我们进行了每天的课间操巡查和监督检查，仍然发现部分学生有动作不到位、节奏不协调等问题。经过调研发现，尽管广播体操的编排符合运动规律、能够达到锻炼效果，但是节奏、动作相对单调，而且每天一成不变的重复，使部分孩子渐渐失去了兴趣。能否结合儿童少年好动、爱好

新奇的心理，开发一种适合他们运动需求的节奏感更强、孩子们较熟悉的运动作为体育健身活动，融入体育与健康课程和课间操活动，形成活动间的变换穿插，便纳入了我们乡土文化课程整体构建的进程。

德平大秧歌——一种不同于其他各地丰收秧歌内容和形式的、富含文化元素于其中的德平地域民间文化运动方式，因其独特性被确立为山东省非物质文化遗产。说其独特，一方面是由于它的产生方式不同，它不同于我国秧歌四大流派陕北秧歌、胶东秧歌、东北秧歌和冀东秧歌起源于丰收欢庆或者抗洪鼓劲的欢快来源，而是起源于一段当地人民困难的被奴役史，当初是德平人民应对元朝侵略军羞辱、奴役，而采取的一种男扮女装应付元人的演练，后期才有了欢庆的成分。第二个独特之处，是表演形式上，它不同于欢快秧歌起源流派的歌舞跳跃，而是以古代军队演练、攻防的阵势变换，从某种意义上来说，是融入了古代军队杀伐征战等演练形式的重现和变换。所以，节奏感更强，形式变换更加多样，身体素养提升更具活力。同时，德平大秧歌是一项需要集体配合的团体项目，需要纪律意识和协作精神，可以更好地提高每个人的注意力。可以说，开发德平大秧歌课程，既是对德平历史文化的深度理解过程，又是体能训练更加全面的项目，更是将文化、艺术、体育与健身、德育与规则进行了多元融合的跨学科课程。

学习目标：

1. 了解德平大秧歌的起源、基本道具和功用、角色和特点，以及人员安排。

2. 了解德平大秧歌的不同流派和特点、阵图阵式，及与其他秧歌流派的不同及其中的文化元素。

3. 会使用德平大秧歌器具进行基本的配合演奏，会根据节奏进行协同演练。

4. 了解秧歌调特点，学会演唱和创编秧歌调。

5. 学会制作简单的德平大秧歌道具。

6. 体会德平大秧歌中的运动美、艺术美，以及对身体素质提高的影响。

7. 形成主动进行大秧歌演练活动的兴趣，积极参加社区村居的大秧歌演练活动。

实施的具体步骤：

1. 研究德平大秧歌课程实施方案，确立目标，分布内容，形成实施步骤和评价方案。

2. 个人观察、询问，了解德平大秧歌主要道具及功用，尝试使用相关道具进行演奏，并在班内进行交流体验。

3. 个人观察，选择喜欢的角色学习德平大秧歌演练技巧，并在班内进行相互交流。

4. 以班为单位，分配角色进行德平大秧歌基本动作演练，相互观察纠正，协同配合演练过程。

5. 以班为单位，选择一种德平大秧歌基本演练阵形，研究其中包含的文化元素，进行演练程序解说，并进行配合演练。

6. 组织德平大秧歌班级、年级演练展示比赛。

7. 组建学校德平大秧歌表演队，组合几种德平大秧歌阵形编排变式训练，并符合古战场演练逻辑，或符合某种场景逻辑。

8. 组建花棍队，选择合适音乐，尝试传承和创编花棍击打程序，并进行训练。

9. 组建德平秧歌调小剧团，学习、创编、表演德平秧歌剧。

10. 将德平秧歌、德平秧歌花棍、德平秧歌剧全元素整合编排，形成整体团队。

11. 形成千人大秧歌演练阵形课间操，建立常态化德平大秧歌课程。

12. 学习制作伞、花灯、花棍等部分德平大秧歌道具。

13. 形成长期体能数据跟踪，进行德平大秧歌课程促进学生智育、体育、美育的研究分析，进一步改进和完善课程组织形式。

基本的实施方式：

主题阅读、研究分析、实践演练、集中展示。

具体的任务：

上网查询、搜集整理、演练展示、撰写报告、实践制作。

课程分布：

年级	主题	学习目标	实施方式	呈现方式	学时安排
一	我们都会大秧歌	了解德平的大秧歌的基本动作，学会基本的秧歌步，能够随着锣鼓节奏参加秧歌演练，愿意经常参加德平大秧歌活动。	在村居和学校观察德平大秧歌演练，模范尝试德平大秧歌演练。在老师和老艺人指导下，学会基本的秧歌步，并模仿动作，跟节奏练习。课间操时间集体按要求演练大秧歌。在学习演练过程中，体会德平大秧歌的韵律美和动作美。	演练视频、绘画展示、手抄报。	
二	德平大秧歌来世今生	了解德平大秧歌的历史演变过程，体会其中的文化内涵。	走访村居老艺人，查阅相关文献资料，进行班级交流，全校展示。	绘画展、手抄报、汇报会	
三	德平大秧歌流派	了解德平大秧歌的不同流派，知道德平大秧歌各流派的特点，能够演练不同流派的德平大秧歌，体会不同的特点和文化，感悟秧歌艺术的美。	走访村中老人，了解存在于德平的代表性秧歌流派及特点，尝试学习演练不同秧歌流派的动作，形成过程性研究材料。	绘画展、手抄报、视频、主题征文。	
四	德平大秧歌阵法	了解德平大秧歌的各种阵法变换，以及其中蕴含的文化，能够按照不同的思维逻辑将不同的秧歌阵法进行组合演练，具有观看性和审美性。	阅读镇志等相关资料，揣摩不同阵图阵法的文化内涵。走访咨询村中老人，验证对阵图阵法的理解，并尝试进行不同阵法的演练，体悟其中的文化内涵。通过观看社区秧歌队演练过程和相关视频资料，学习尝试进行不同的阵图阵式组合演练，并体会其中的运动与美。	绘画展、手抄报、调查报告、阵图演练、主题征文。	

续表

年级	主题	学习目标	实施方式	呈现方式	学时安排
五	德平大秧歌花棍、秧歌调。	了解德平秧歌花棍、秧歌调的文化元素，能够按照节奏演练花棍阵形，掌握秧歌调演唱特点，学会自制伞、花灯、花棍等秧歌道具，创新编制花棍队形，创编秧歌调。	查阅关于德平秧歌花棍、秧歌调的相关资料，走访村中熟悉秧歌调的老人，学习秧歌调，录制秧歌调视频，分析交流秧歌调的语言与艺术特点，体会德平方言的特色，感受德平秧歌花棍、秧歌调的艺术美与文化内涵，创编花棍操与德平秧歌歌调。通过制作德平大秧歌道具，进一步体会其中的生活艺术美。	手抄报、主题征文、视频、现场展演	
六	德平秧歌的健与美	了解德平大秧歌与艺术、体育健身的关系，感受德平大秧歌与健美、节奏、色彩、舞蹈等融合发展的作用，能够形成将艺术、健美元素融入秧歌演练和创作的过程，养成发现美、创造美的兴趣、习惯和能力。	通过演练揣摩，体会德平大秧歌中蕴含的艺术、体育、美的元素，尝试将中外舞蹈艺术元素融入德平大秧歌演练，形成比较学习过程，进一步形成对于德平大秧歌的艺术魅力的深刻理解与领会。	手抄报、演练展示、主题征文、研究资料展览。	

实施评价：

课程案例：

德平秧歌花棍

活动年级：

五年级

活动背景：

德平秧歌花棍是德平大秧歌的重要组成部分，它不同于其他秧歌类中的花棍击打花样，而是糅合了音乐、舞蹈、健身，以及具有传统阵势操演的成分，是一种综合艺术形式。这种艺术形式锻炼了身体的协调性，融合了队形队列的排布与变换，较之德平秧歌鼓子的刚猛和花灯的柔美，其演练过程兼具节奏明快和柔和之美，成为文武兼具、昂扬向上的美感。

由于时间的久远，德平秧歌花棍一度失传，后经师生深入村居探访挖掘，聘请曾经对德平花棍进行以及在乐陵实验小学教育集团李升勇校长协助联系，寻找原属老德平县的乐陵市化楼镇老艺人，探讨德平花棍操演技法，将德平花棍还原、创新，将德平大秧歌的文化艺术元素进一步完善，并通过研究阵式、制作花棍，对学生进行了实践活动的熏陶。

学习目标：

1. 了解德平秧歌花棍的来历与文化，以及其在德平大秧歌中的地位。

2. 知道德平秧歌花棍的基本动作要领，能够按照要领进行花棍演练。

3. 能够结合德平秧歌花棍的伴奏，进行熟练演练，并进行花样创新。

4. 能够揣摩花棍里的文化，并进行简易德平秧歌花棍制作。

5. 喜欢进行秧歌花棍演练，享受花棍艺术演练过程。

实施程序：

1. 查找关于秧歌花棍的资料，形成对德平秧歌花棍的特色了解。

2. 尝试学习秧歌花棍基本要领，并进行集体演练。

3. 尝试创编德平花棍新表演形式。

4. 观察德平花棍结构，尝试进行德平花棍制作与装饰。

5. 研究德平花棍尺寸，探究德平花棍文化元素。

实施评价：

实践九、校本课程方案（含地方课程）

1. 学期课程纲要

课程名称	德平民间技艺		课程类型		校本课程
学校名称	临邑县德平镇白麟小学		使用教材		校本教材
设计者	王兰英　王成波　陈美燕　付建慧				
适用年级	六年级	班额	44	总课时	16
课程简介	本册教材是白麟小学根据国家课程政策，以国家校本课程标准为基础，在挖掘民间技艺、传承民间技艺、创新民间技艺的教育思想和课程观念的指导下，根据地方民间技艺的典型种类，充分利用地方课程资源而开发，设计，实施的课程。这套教材主要包括"德平名吃""传统纺织技艺""榫卯工艺""绳结技艺""德平大秧歌"等五个板块。在课程实施过程中，学生将在老师的指导下学习各种德平特有的民间技艺，激发学生热爱家乡的美好情感。				
背景分析	临邑县城北40公里的德平镇，自五代的后唐至中华人民共和国成立后的1956年，一直为德平县治所在地。这里人杰地灵，曾出现过影响中国历史进程的文臣重吏，也留下了众多的名胜古迹；这里曾有元代公主与驸马的足迹，也曾有过多位诗词歌赋大家；这里曾有过自己的方言习俗，也留下了远近闻名的地方小吃，在经济和文化的促动下，各种民间技艺更是璀璨绽放。 新一轮基础教育课程改革的重要内容之一就是改变了以往中央集权的课程管理体制，实行国家课程、地方课程、学校课程的三级课程管理体制，增强了课程对地方、学校和学生的适应性。国家课程由国家组织专家技术力量进行开发设计，地方课程是地方教育行政部门组织开发，学校课程则以学校为本位、由学校自己确定的课程，此三者互为补充。 白麟小学结合地域特色开发的本册地方课程，是课程改革中应运而生的新生事物，学校校本课程研发团队在地方资源的挖掘和学校课程开发的策略上做了深入的探讨和研究，既要照顾好学生的兴趣、爱好和特长，极大地丰富、拓展教育内容，保证国家教育目标的实现；又要促进学生自主全面地发展，提高学校课程实施的有效性，切实发挥课程应有的育人功能，对学生进行人文精神、科学创造精神、社会实践能力的培养。				

续表

	学习主题	内容	周次	日期	实施要求
课程目标	（一）通过调查、走访、走出去，请进来的学习方法，引导学生了解具有德平乡土特色的民间技艺，学会制作小米窝头和四喜丸子，了解熏鸡的制作工艺；了解传统纺织技艺和榫卯工艺。（二）在学习民间技艺的过程中，培养学生的动手操作能力、探究实践能力和团结协作能力，培养学生的创新意识。（三）在学习民间技艺的过程中感悟劳动人民的智慧，培养对劳动人民的感情，培养民族自豪感和爱家乡的情感。（四）形成可复制、可推广的乡土课程构建体系，丰富课堂文化教学，助力乡村文化振兴。				
学习主题/活动安排（请列出教学进度，包括日期、周次、内容、实施要求）	德平美食	1. 小米窝头	第一周	3.4	1. 传统技艺的学习要突出重点，注重技艺，能力和情感之间的联系。 2. 重视学生思维能力的发展，发展他们的观察，思考，联想和想象能力，尤其要重视培养学生作品制作 w 的创造能力。 3. 教学过程中要抓住学生的闪光点，多鼓励，少批评，激发学生学习的兴趣
		2. 四喜丸子	第二周	3.11	
		3. 德平熏鸡	第三周	3.18	
		4. 我知道的德平其他美食	第四周	3.25	
		5. 各地美食大观	第五周	4.1	
	传统纺织技艺	1. 传统纺织工具	第六周	4.9	
		2. 纺线中的学问	第七周	4.15	
		3. 织布体验	第八周	4.22	
		4. 传统织布流程	第九周	4.29	
		5. 有关纺织的故事传说	第十周	5.13	
		6. 现代纺织业的发展	第十一周	5.20	

续表

榫卯工艺		1. 了解生活中的榫卯技艺	第十二周	5.27	
		2. 榫卯的传承与发展	第十三周	6.3	
		3. 榫卯制作与功用	第十四周	6.10	
		4. 榫卯的制作方法和实践	第十五周	6.17	
		5. 现代榫卯工艺应用	第十六周	6.25	
评价活动/成绩评定	1. 对于调查、走访活动，完成情况按照优秀、良好、合格、不合格来评定； 2. 对于手工制作活动，完成情况按照一等奖、二等奖、三等奖和优秀奖来评定。				
主要参考文献	《新课程标准》 《校本课程开发——小学案例》王一军吕林海著 《新课改校本研究与课程新设计》人民日报出版社著				
备注					

2. 单元教学方案（含本单元2-3节课时教学方案）

单元名称	德平美食	学科（领域）	校本课程	单元总课时		3
单元名称	德平美食	班额	42	课程类型		活动课程
设计者	王兰英　王成波　陈美燕　付建慧					
背景分析	校本课程与国家课程，地方课程共同构建起我国三级课程模式，是针对国家课程和地方课程的不足或短板的充实或改善，更是我国基础教育课程改革的重要内容之一，从学校发展的角度而言，校本课程开发的顺利与否对一所学校的内涵发展起到至关重要的决定作用. 农村学校作为地区文化中心，是乡村文化建设的重要载体. 农村校本课程开发是农村学校承担社会责任的重要平台，农村学校通过筛选散落在农村社会中的乡村民间技艺的课程资源，汇编成校本课程，设计目标明确的校本实践，开展富有特色的教学活动，可以增进教师与学生对农村生活世界的了解，在提高知识和技能的同时，激发广大师生的乡土情怀。					

	俗话说'民以食为天';饮食是人类生存与发展的第一需要;然而不同的文化背景;却有着不同的饮食习惯和文化;地方传统美食往往具有鲜明地方特色。针对社会转型时期不少青少年对民族传统文化的忽视,对民族传统精神的缺失的现象,也为了引导学生传承与发展这些地方特色美食,德平镇白麟小学,专门对地方传统美食进行研究,充分发掘和利用本地区的美食文化中的民俗民风以及开展学生喜闻乐见的参观、采访、调查、了解、亲身感受、实践等活动,让他们在活动中体味民俗的纯朴,接受民族文化的熏陶,提高审美情趣,学会做人,学会处事,"地方传统美食"校本课程应运而生。 本单元在本门课中起到了承前启后的作用,六年级的学生对厨房里的操作有了一定的基础,本单元所学的知识专业性很强,是对学生以前掌握的技能的提升。 本单元学习的重点: 1.掌握德平小米窝头、四喜丸子的配料比例及详细的制作过程,能做出相应形状的作品。 2.了解德平熏鸡的工艺及制作过程。 本单元学习的难点:掌握小米窝头和四喜丸子的形状及大小,四喜丸子在炸制过程中火候的把握。
单元目标	1.知识与技能:了解家乡的美食以及美食背后的故事。 2.过程与方法:通过体验法、调查法,了解家乡的美食。 3.行为与习惯:通过品美食、访美食等方法,感受家乡美食的博大精深。 4.情感与态度:喜欢家乡的美食,热爱自己的家乡。

评价设计	奖励等级	认知	制作、完成	创新	奖品
	金星级	熟悉	能较好独立完成	能创造	金星卡1张
	三星级	了解	能独立完成	有新意	银星卡1张
	二星级	了解不深	指导下完成	一般	铜星卡1张
	一星级	不了解	指导下完成不好	缺乏	无

学与教活动设计	第一单元地方传统美食	1.德平小米窝头	第一周	3.4
		2.四喜丸子	第二周	3.11
		3.德平熏鸡	第三周	3.18

备注	

3. 课时教学方案一

课时名称	小米窝头
使用年级	六年级
设计者	王兰英　王成波　陈美燕　付建慧
课时目标	1. 了解小米窝头的历史典故以及营养价值。 2. 掌握制作小米窝头的基本步骤，学会自己制作小米窝头。 3. 通过学习制作小米窝头，培养学生的动手操作能力以及爱劳动、爱生活、爱家乡的情感。
评价设计	1. 注意制作小米窝头时小米与黄豆的调配比例 7∶3。 2. 和的小米面要软硬适中。 3. 蒸出的窝头香甜适口。 4. 制作完成后及时打扫干净厨房。
学与教活动设计	一、创设情境，激趣导入，激发学生的学习兴趣。 1. 师：（课件展示小米窝头图片）同学们都认识这是什么食物吧？对，它就是我们经常吃的小米窝头。尤其是我们的爷爷奶奶特别爱吃。不要小看这小小的窝头，它的营养价值很高的。 德平小米窝头是以纯小米和优质黄豆瓣为原料加工而成。在制作过程中从选料、加工到蒸制均保留着家传秘方和特有手法和技巧。制作出的窝头色鲜味美、散爽不腻、香甜适口。是老幼皆宜富有地方特色的绿色食品。尤其对糖尿病有防治效果。因此深受都市人的喜爱，从而誉满全国各地。 2. 说起小米窝头还有一个有趣的传说呢。 "德平小米窝头"作为山东省首批地方名小吃，在我们德平镇已经有序传承了近三百年。据历史记载，早在明朝嘉靖年间，德平清官葛守礼为嘉靖皇帝过寿，特以家乡小米窝头为寿礼呈上。取意为家中钱财空空，以表清廉。嘉靖皇帝品尝后大悦，连声称好。一表窝头做的好，粗粮细做，鲜香可口，二是称赞葛守礼忠正廉洁，为朝中难得的清官，随招德平一民进宫入御膳房制作小米窝头，从此，德平小米窝头流传至今。 二、引导探究，研讨做法 师：今天我们就来学习怎么制作小米窝头。 其制作工序为： 1. 将精米与去皮后的黄豆磨成油面备用。（事先准备好的）学生看视频怎样将黄豆和小米磨成细面。 2. 按 7∶3 的比例混合（精米 7 黄豆 3），并将油面掺兑适量的新鲜凉水反复调和。（老师示范，学生分组和老师学习，亲自动手和面，老师指导）

续表

	3.搅匀后，做成三两一个的面剂。（老师示范，学生动手操作） 4.左手握面剂，将右手的食、中二指插入其中，自上而下细心挑、压，制成厚薄一致的桃形窝窝。（老师示范，学生分组和老师学习，老师巡视指导）一开始，学生做的可能不太好看，熟能生巧，慢慢练习。同学之间相互交流制作方法，看谁做的米窝头比较好看，请做得好的同学说一说制作方法。 5.将制作好的桃形窝窝放在事先准备好的笼屉内入锅后，旺火烧三十分钟，撤火闷五分钟，即可出锅。 6.在等待小米窝头出锅的这三十分钟，大家可以一边打扫厨房，一边交流一下制作经验，以及自己知道的有关小米窝头的有趣的故事。 7.蒸熟出锅，大家品尝自己的劳动果实。更进一步加深学生对"谁知盘中餐，粒粒皆辛苦"的理解。 三、劳动感悟、总结提升 通过这次实践活动，让学生通过亲身体验的手段，了解德平小米窝头的传承历史，知道其在原料、制作方法和蒸制过程中几百年来传承不变的独特工艺。同时让同学们在获得知识的同时，培养学生发现问题、提出问题，并运用所学知识分析问题、解决问题的能力；培养和提高学生的参与意识、服务意识、合作意识科学意识和创新意识，让同学们学会用科学的眼光去看待生活，激发他们学科学、用科学的强烈愿望，从小树立起热爱家乡的责任感和使命感。
备注	

4. 课时教学方案二

课时名称	制作四喜丸子
使用年级	六年级
设计者	王兰英　王成波　陈美燕　付建慧
课时目标	知识目标：了解四喜丸子的寓意，激发学生制作的兴趣。 能力目标：掌握四喜丸子的制作过程，能通过切、剁、搅拌、团等方法做出丸子外形。 情感态度与价值观：通过制作四喜丸子，培养学生的动手操作能力以及对生活的热爱。

续表

评价 设计	1. 在制作四喜丸子的过程中，注意安全，不要烫着。 2. 在整个学习过程中学生的参与程度及其各个环节的表现。 3. 炸蒸的成果从口感和色泽两方面进行评价。 4. 操作完成后，注意对厨房的清扫。
学与教活 动设计	一、创设情境，激趣导入 课件出示图片 师：欢迎大家来到德平镇白麟小学的美食小天地。今天给大家介绍一道美食——四喜丸子，它是德平镇的一道传统名菜之一。由色、香、味俱佳的肉丸组成，寓人生福、禄、寿、喜四大喜事。常用于喜宴、寿宴、过年待客时的压轴菜，以取其吉祥之意。每100克四喜丸子的热量是273大卡（1142千焦），单位热量适中。每100克四喜丸子的热量约占普通成年人保持健康每天所需摄入总热量的12%，因此，一般人群均可食用。对于阴虚不足，头晕、贫血，以及营养不良者更适宜食用。而对于胆固醇含量较高，血脂较高者不宜多食。怎么样？了解了这些，你是不是对四喜丸子多了一些喜欢呢？这节课我们就来学习制作四喜丸子，让我们一起来动手试试吧！ 二、引导探究，研讨做法 （一）技法探究 师：同学们，你们平时吃的四喜丸子里面包裹的是肉丁还是肉末，除了肉还有什么辅料？现在大家就在小组内交流一下吧。（学生小组内交流后汇报） 师：看来同学们在课前都进行了品尝，那么我们现在就来制作四喜丸子。先要将肉、馒头、葱、姜等进行加工。（课件出示） 1. 肉：切肉时应顺着肉丝的纹理切，这样肉丝不容易碎掉。用刀先切成片，再切成长条，最后切成肉丁。（在用刀时注意不要切到手） 2. 馒头：把馒头的表皮去掉切成小丁，浇上100℃的热水，沫过馒头，盖上盖子闷到馒头一捏成泥即可。 师：同学们知道切姜末和葱花有什么讲究吗？（学生讨论后发言） 3. 姜：要先切片再切丝最后剁成姜末，切的片越薄，姜丝才能切的越细；最后把姜丝切成姜末。 4. 葱花：先把葱拍打几下，把葱切成两段，切成长条，再把长条切成碎末，最后和姜一起剁碎。（课件出示） 以上准备完成后开始调制肉馅。（课件出示） 肉馅中加入姜末、盐、十香粉、葱末、味精、酱油、生抽上色，朝一个方向搅拌均匀，再加入泡好的馒头，继续搅拌均匀（朝一个方向搅拌有利于肉馅的黏稠）。戴上手套，取一些肉馅，放到手中两个手互倒，再攥一攥，把丸子在手心团成圆形，再把丸子外裹上一层干面粉（这样能使丸子不松散），将所有的肉馅都团成肉丸子裹上面粉，放在一旁。

续表

	（二）劳动实践 1.探究材料工具 师：在炸丸子之前，我们除了要加工肉、馒头、葱、姜，我们还要做哪些准备呢？（学生小组内交流后汇报） 师：同学们想得真周到！还需要准备炸、蒸丸子的锅、食用油、鸡蛋等。 2.实践步骤（示范引领，学习制作方法） 师：下面看饭店的厨师露一手怎么样？大家边看边要注意总结炸丸子的方法。（教师播放示范炸丸子的微视频，学生观看。） 师：观看了视频，谁来说说炸、蒸丸子的基本操作步骤有哪些？ （根据学生汇报板书：准备食材——丸子下锅前裹上一层鸡蛋液——油温五六分热——放入丸子——炸至丸子定型——炸好的丸子捞出放凉——将丸子放入蒸锅中——中火蒸2小时左右——装盘） 教师小结：这是制作四喜丸子的基本步骤，大家在制作时可根据需要选择用上这些步骤。 （三）拓展创新 在四喜丸子的制作过程中用时最长也是最重要的环节是蒸，同学们想象一下除了蒸我们还可以怎样吃？ （学生小组内交流后汇报） （课件出示）：把四喜丸子蒸好后调一些料汁浇在丸子上。也可蘸醋吃。 （四）教师小结 四喜丸子是德平的传统名菜之一，在日常生活中丸子还有更多的食用方法，让我们深入生活，继续探究吧。 四、课下实践 回家后，根据学习四喜丸子的方法，为家人做一道菜，自己品尝后从口感和色泽方面做一下评价，也请家人做一下评价，把自己做的菜拍一张图片发到学习群里，比一比看看谁做的丸子色香味俱全。
备注	

附一：国家课程1—基于课程标准的小学语文学科教学方案

1. 小学语文五年级下学期课程纲要

课程名称	小学语文		课程类型	国家课程	
学校名称	临邑县德平镇白麟小学		使用教材	统编版	
设计者	刘天庆　周勇　陈方军　陈凤　芦家敏				
适用年级	小学五年级下学期	班额	45	总课时	60
与本学期相联系的国家课程标准陈述	（一）识字与写字 1.有较强的独立识字能力。累计认识常用汉字3000个左右，其中2500个会写。 2.硬笔书写楷书，能做到行款整齐，力求美观，有一定速度。 3.写字姿势正确，有良好书写习惯。 （二）阅读 1.能用普通话正确、流利、有感情地朗读课文。 2.默读有一定速度，默读一般读物每分钟不少于300字。根据需要搜集信息。 3.能联系上下文和自己的积累，推想课文中有关词句的意思，体会其表达效果。 4.在阅读中了解文章的表达顺序，体会作者的思想感情，初步领悟文章的表达方法。在交流和讨论中，敢于提出看法，做出自己的判断。 5.阅读叙事性作品，了解事件梗概，能简单描述自己印象最深的场景、人物、细节，说出自己的喜爱、憎恶、崇敬、向往、同情等感受。阅读诗歌，大体把握诗意，想象诗歌描述的情境，体会作品的情感。受到优秀作品的感染和激励，向往和追求美好的理想。阅读说明性文章，能抓住要点，了解文章的基本说明方法。阅读简单的非连续性文本，能从图文等组合材料中找出有价值的信息。 6.诵读优秀诗文，注意通过语调、韵律、节奏等体味作品内容和情感。背诵优秀古诗文。 7.扩展阅读面。 （三）习作 1.懂得写作是为了自我表达和与人交流。 2.养成留心观察周围事物的习惯，有意识地丰富自己的见闻，珍视个人的独特感受，积累习作素材。 3.能写简单的纪实作文和想象作文，内容具体，感情真实。能根据内容表达需要，分段表述。学写读书笔记，学写常用应用文。 4.修改自己的习作，并主动与他人交换修改，做到语句通顺，行款正确，书写规范、整洁。根据表达需要，正确使用常用的标点符号。				

	（四）口语交际 1. 与人交流尊重和理解对方。 2. 乐于参与讨论，敢于发表自己的意见。 3. 听人说话认真、耐心，能抓住要点，并能简要转述。 4. 表达有条理，语气、语调适当。 5. 能根据对象和场合，稍做准备，作简单的发言。 6. 注意语言美，抵制不文明语言。 （五）综合性学习 1. 为解决与学习和生活相关的问题，利用图书馆、网络等信息渠道获取资料，尝试写简单的研究报告。 2. 策划简单的校园活动和社会活动，对策划的主题进行讨论和分析，学写活动计划和活动总结。 3. 初步了解查找资料、运用资料的基本方法。
课程标准、教材、学情综合分析	（一）课程标准分析 本学期是第三学段的第一学期，是在落实好第一、第二学段语文课程标准要求的基础上，启动第三学段的课程标准要求的训练，具有承上启下的衔接和延伸作用。 1. 在"识字写字"的训练要素中，要继续落实好第一学段的"主动识字、写字的愿望"和第二学段"养成主动识字习惯"和"有初步的独立识字能力。会运用音序查字法和部首查字法查字典、词典"的要求，对于识字写字从初步兴趣到"浓厚兴趣"的递进基础上，开启从兴趣到能力的推进，即"有较强的识字能力"，从兴趣到"初步"能力，再到"较强"能力，体现的是一种螺旋上升的过程，也是符合学生认知规律的学习过程。对于写字，在第一学段主要要求对基本笔画、笔顺、间架结构的正确书写，"初步感受汉字的形体美"的书写和审美训练，到了第二学段进一步提高到"能使用硬笔熟练地书写正楷字，做到规范、端正、整洁。"，不仅要求"正确"，而且要求做到"规范""端正""整洁"，是一种对于汉字美德进一步诠释和训练，在本学段，则进一步要求为"行款整齐，力求美观"，且"有一定的速度"，进一步对于汉字的书写做到了结构与布局、书写与书法美感的更高的要求，也是遵循了由易到难，从低到高的有序提升，体现了课程目标的循序渐进性。同时，对于书写姿势和习惯的要求，贯穿了所有学段，可以看出也是识字写字过程中的重中之重，需要长期规范要求。第三学段要通过循序渐进的训练要求，逐步达成对进入第四学段学习要求"能熟练地使用字典、词典独立识字，会用多种检字方法。""学写规范、通行的行楷字，提高书写的速度"，提供必要的准备基础。

2. 在"阅读"项目中，朗读训练要从第一学段的初步尝试"学习用普通话正确、流利、有感情地朗读课文。"的训练，到第二学段的坚持"用普通话正确、流利、有感情地朗读课文。"的训练习惯，过渡到本学段的"能用普通话正确、流利、有感情地朗读课文。"朗读能力的提升。第四学段继续沿用本学段的训练要求，就是一种熟练化运用和不断揣摩、提升的过程。从学习，到运用，再到能够熟练运用，体现了遵循规律，循序渐进地从量变到质变的素养训练过程。

而对于默读，则经历了第一学段的"学习"到第二学段的"学会"，并明确进行了具体的要求，即"不出声""不指读"的标准，到了本学段进一步将标准提高为"有一定的速度"的要求和"每分钟不少于 300 字"的标准，而且增加了"学会浏览，扩大知识面，根据需要搜集信息"的要求，是从兴趣到标准再到精确，以及信息搜集能力的阶梯训练。这也是为第四学段完成"养成默读习惯，有一定的速度，阅读一般的现代文，每分钟不少于 500 字。能较熟练地运用略读和浏览地方法，扩大阅读范围。"做必要准备。这样的一种学习路径，就是基于兴趣，学习方法，积累运用，达成素养的过程。

对于阅读内容的理解，第一学段是"结合上下文和生活实际了解课文中词句的意思，在阅读中积累词语。借助读物中的图画阅读。"，是基于直观形象帮助下的阅读能力培养。到了第二学段进一步提升为"能联系上下文，理解词句的意思，体会课文中关键词句表达情意的作用。"，从简单理解词句，过渡到关键词句的表达作用，从感性理解过渡到理性思维渗透。进入第三学段，课标要求进一步提高，表述为"能联系上下文和自己的积累，推想课文中有关语句的感情色彩，体会其表达效果。"，要求学生要把第一、二学段习得的知识和方法在该学段中进行运用，形成原有知识基础上的学习和提高，并且要求"推想"，也就是根据自己的已有知识和经验进行猜想和推测，这是一种高阶思维训练的要求，并以此形成对表达效果的体会。可以看出，阅读的要求从单向思维逐步走向多向思维的训练提升。到了第四学段，就要求"再通读课文的基础上，理清思路，理解、分析主要内容，体味和推敲重要词句在语言环境中的意义和作用。"这就要求，在本学段要让学生通过阅读不断体悟，形成对文章思路的初步理解和掌握，形成对文章的独立思考和合作交流，既要对接于第一、二学段要求形成提升，又要为整体把握文章和形成独立体悟做好思路和方法的基础。

	对于阅读内容和主旨的整体把握，第一学段仅仅要求"对感兴趣的人物和实践有自己的感受和想法，并乐于与人交流。"，重在阅读兴趣培养。到了第二学段，则要求"能初步把握文章的主要内容，体会文章表达的思想感情。"，也仅仅是要求学生大概掌握阅读内容和文章主旨，并没有过于精确的要求。在第三学段则进入对阅读内容的深度解析，即对"表达顺序""思想感情""基本表达方法"的了解和领悟，但仍以"初步"为要求，未做大幅度提升训练。应该是对于写作方法和写作顺序的训练要通过学生的阅读过程去形成体验和感受，不做硬性拔高。第四学段要求"对课文的内容和表达有自己的心得，能提出自己的看法，并能运用合作的方式，共同探讨、分析、解决疑难问题。""在阅读中了解叙述、描写、说明、议论、抒情等表达方法。"，要走向这样的要求，本学段必须有意识地不断启发学生在阅读中对阅读内容进行充分阅读、体悟交流，实现顺利过渡。 对于不同文体内容的阅读，第一学段只要求阅读"浅近的童话、寓言、故事"，重在形成初步的阅读阅读兴趣和感受，第二学段进一步提高为"叙事性作品"，但仅仅要求"能复述叙事性作品的大意""初步感受作品中生动的形象和优美语言""关心作品中人物的命运和喜怒哀乐"，可以看出，仍然是以激发兴趣，引起感动的感性阅读为主。到了本学段，该项内容则进一步细化为对叙事性文章、诗歌和说明性文章的训练要求，分别给出了更高的标准，形成由兴趣、感悟、思考、提升，到触类旁通迁移的阅读思维训练，而这种训练过程，又进一步指向于第四学段的对文学样式、文学欣赏和各类文体的深度学习训练，是第四学段不同文体学习的铺垫和基础。 对于古诗文的阅读，在第一学段主要是要求"诵读儿歌、儿童诗和浅近的古诗，展开想象，获得初步的情感体验，感受语言的优美。"，重点是用浅近的语言、动态的富含韵律感的语调，充满想象力的内容，启动孩子的好奇心和求知欲，形成阅读的兴趣，激发孩子丰富的想象力。第二学段在形成学习兴趣的基础上，进一步提高要求为"诵读优秀诗文，注意在诵读过程中体验情感，展开想象，领悟诗文大意。"，不仅从内容上有所规定，提高为"优秀诗文"，而且阅读方向开始由形式转入对内容的关注。到了本学段，又进一步提升为"注意通过语调、韵律、节奏等体味作品的内容和情感。"，要求学生关注古诗文的写作特点、内容体现和情感主旨，形成内容之上的思考。这也为第四学段"诵读古代诗词，阅读浅易文言文，能借助注释和工具书理解基本内容。注重积累、感悟和运用，提高自己的欣赏品位。"提供了准备。从兴趣，到形式，到内容，到内涵，到积累运用，形成了一种符合认知规律的螺旋上升。

对于阅读习惯的培养，第一学段主要要求在阅读中"积累自己喜欢的成语和格言警句"，是通过初步感知运用，提高学生阅读兴趣。第二学段在第一学段基础上要求"养成读书看报的习惯，收藏图书资料，乐于与同学交流。"开始将兴趣向习惯渗透推进。在本学段，又进一步提出了"扩展阅读面。课外阅读总量不少于 100 万字。"，不仅有了兴趣和习惯的要求，而且对于阅读范围和阅读量有了进一步明确的规定。完成这些过程，又是对应于第四学段"学会制定自己的阅读计划，广泛阅读各种类型的读物，课外阅读总量不少于 260 万字"的要求，提供方法和能力上的奠基和支撑。

3. 对于写作的训练，第一个学段称之为"写话"，主要要求从口头语言到书面语言的过渡，重点是形成使用书面语言的兴趣，实现表达的需要。第二学段开始，这项内容才称之为"习作"，意在练习写作。在第二学段，"习作"要求学生继续保持"乐于书面表达"，并且提出了习作的要求是基于"观察周围世界""不拘形式"写"自己的见闻、感受和想象"，对于写作的内容和范围进行了方向性的规定，也就是"我手写我口，我口对我心"，是真情实感的表达。而且所写出的内容聚焦于"新奇有趣或印象最深、最受感动"，这样的要求就避免了流水账似的写作随意性。第三学段从兴趣进一步引导学生形成写作意义的理解，即"懂得写作是为自我表达和与人交流"，从外在要求内化为自身需要。同时，进一步指导学生找到写作素材的来源和方法，即"养成留心观察周围事物的习惯，有意识地丰富自己的见闻，珍视个人的独特感受，积累习作素材。"，这样就形成了从表达兴趣，到表达需要，再到表达素材与方法的有序训练过程，最终过渡提升到第四学段对写作的"真情实感""多角度观察""搜集素材、构思立意、列纲起草、修改加工""提高独立写作能力"的训练。以及落实各种文体的写作过程。当然，语文教学的要求是必须做到读写结合，阅读的过程是从例子中分析、寻找写的方法，是一种阅读的输入。写是对阅读成果的创造性应用，是一种阅读表达的输出，必须形成融合和统一。

4. 口语交际的训练，在第一学段，课程标准主要要求落实"说普通话的习惯"、认真听、复述大意和感兴趣的情节，初步学习与任交谈自然、有礼貌的要求。在第二学段，则要求学生"能用普通话交谈"，从单向输出，走向交互运用，并进一步将"听"转向"倾听"，将"说"转向"请教"，且进一步形成"商讨"，具有了主观能动性。对于"说"的要求，推进为能"把握主要内容""简要转述""清楚明白""具体生动"，有了具体可评价的标准，从兴趣走向能力。在本学段，要求进一步推进，要求在交流中"尊重和理解对方""听人说话认真、耐心，能抓住要点，并能简要转述。"，明确了交流中的礼仪和规范。在表达上，要求"有条理，语气、语调适当。"开始指向于表达的逻辑性和条理性。并且要求可以做简单的即兴发言，做到语言美。对于语言素养提出了具体的要求。之所以有这些训练要求，是因为后面第四学段的"注意对象和场合，学习文明得体地交流。"的交流礼仪，"耐心专注地倾听，能根据对方的话语、表情、手势等，理解对方的观点和意图。"的互动交流，以及抓住重点、聚焦主题的表达能力，都必须基于前三个学段的交流输出能力扎实落实。

5. 综合性学习的要求，语文课程标准在第一学段规定为对学生好奇心的培养，结合于语文学习和校园、社区活动的观察所得口头或图文表达，旨在形成孩子参与的兴趣。在第二学段，语文课程标准提出了指导学生形成问题意识，基于语文学习的观察和表达，以及语文活动类课程学习和语文知识生活化运用的训练，开始走向实践性应用过程。到了本学段，课程标准指向于学生获取资料解决问题，策划校园活动和社会活动能力的训练，以及关心关注热点话题组织讨论交流的训练，进一步形成对事物的思维和辨析能力训练，也是为第四学段自主组织文学活动，关注研究热点文体形成基础性准备。从四个学段要求来看，也是沿着兴趣——思考——思维——能力——情感的路径进行有序螺旋式推进。而本学段是对前两个学段形成兴趣，聚焦问题的基础上，形成研究思辨能力，为后面的语文综合学习素养提供关键性基础，必须认真落实各项训练要求。

（二）教材分析

1. 学期教材概述

本学期使用教材为统编版小学语文五年级下册教材，是基于《义务教育语文课程标准（2011年版）》要求编写，为主题单元组织形式结构，共设八个单元：阅读主题单元六个，习作单元一个，综合性学习单元一个。本册教材共选编23课课文教学内容，其中，精读课文16课，略读课文7课。

本册教材采用"双线"组织单元结构编排，每个主题单元设"人文主题"和"语文要素"为内容的单元导读内容。其中，"人文主题"主要体现单元编排内容的思想主旨，"语文要素"由"阅读要素"和"写作要素"各一项组成，体现读写结合的语文学习思路。在每个主题单元，除课文内容外，大多附设"口语交际""习作"和"语文园地"，对单元学习内容进行延伸巩固和拓展练习，单元之间既形成开放联系，又自成闭环，成为完整的体系。

2. 学期内容分布表

单元	单元主题	语文要素	内容	课后训练要求
一	童年往事	体会课文表达的思想感情；把一件事的重点部分写具体。	《古诗三首》	有感情朗读，背诵，默写；想象诗句画面，体会其中乐趣。
			《祖父的园子》	默读，说出文中景物和人物活动；体会重点句子写法，体会人物感受；链接体会。
			《*月是故乡明》	默读，体会文中想象和感受。
			《*梅花魂》	默读，梳理主要事件，体会人物感情。
			口语交际	了解大人的童年岁月，交流分享。认真倾听，记录条理。
			习作	写自己成长过程中印象最深的事，写清过程，写具体，交流修改。
			语文园地	回顾整理学习方法；想象句子描写特点并仿写；积累古诗。
二	古典名著	初步学会阅读古典名著的方法；学习写读后感。	《草船借箭》	梳理故事起因、经过和结果，掌握主要内容；体会重点句子对描写人物特点的作用；交流阅读前后对人物了解把握；链接原文，对照阅读体会。
			《景阳冈》	默读，猜想重点词语意思；梳理故事发展顺序，掌握主要内容；角色解读文章重点内容；交流对人物特点的独到见解。
			《*猴王出世》	猜测重点语句意思；把我故事发展过程。
			《*红楼春趣》	大致读懂文章，交流人物形象。
			口语交际	讨论、排练课本剧。
			习作	学会写读后感。
			语文园地	交流古典名著学习方法；猜测词语意思；根据语句描写特点猜人物；积累古诗
三	汉字文化	感受汉字的趣味，了解汉字变化；初步学会搜集资料的基本方法；会写简单的研究报告。	遨游汉字王国	引起学生研究兴趣。
			汉字真有趣	感受汉字趣味，激发热爱之情；了解、讨论搜集资料的方法；搜集古诗、歇后语、对联等故事，组织讨论交流。
			我爱你，汉字	了解汉字发展情况，形成规范使用汉字意识；能根据要求搜集关于汉字和汉字历史的资料，发现和纠正汉字使用不规范现象，会写简单的研究报告。

续表

四	家国情怀	通过课文中动作、语言、神态的描写，体会人物的内心；尝试运用动作、语言、神态描写，表现人物的内心。	《古诗三首》	有感情朗读，背诵，默写古诗；借助注释理解诗句意思，体会表达感情。
			《青山处处埋忠骨》	默读，掌握文章主要内容；通过描写动作、语言、神态的语句，体会毛主席的内心世界，在体会基础上有感情朗读课文；查找资料，理解会"青山处处埋忠骨，何须马革裹尸还"的意思。
			《军神》	体会人物说话语气朗读课文；结合人物描写体会人物特点，"军神"的来历；通过理解描写动作、语言、神态的语句，体会刘伯承的内心世界，在体会基础上有感情朗读课文；找出沃克医生的描写，体会内心变化，试讲故事；链接阅读《丰碑》，尝试运用所学的通过理解深度理解通过理解描写动作、语言、神态的语句的方法，体悟人物内心世界。
			《*清贫》	默读，从方志敏的自述中体会共产党员的坚定信念和廉洁奉公、一心为民的高尚品格，形成对"清贫"的深度理解。
			习作	学习用语言、动作、神态描写表现人物内心的方法，写一件印象深刻的事，并把人物和事件写清楚，写具体。
			语文园地	梳理交流本单元学习方法；体会描写人物内心的句子并仿写；体会语言、动作、神态描写对表现人物内心世界的表达效果；积累古诗。
五	大千世界	学习描写人物的基本方法；初步运用描写人物的基本方法，具体地表现一个人的特点。	《人物描写一组》	默读，说出对人物的印象以及产生原因；找出描写人物的方法，结合重点语句体会表达效果。
			《刷子李》	默读，结合课文内容体会人物特点；体会文章是如何写出人物特点的。
			习作例文	默读，批注，体会通过外貌、动作、神态、语言表现人物特点的写作方法。
			习作	运用本单元学过的描写人物的方法，选取典型事例写一个人物，交流修改。

续表

六	思维的火花	了解人物的思维过程，加深对课文内容的理解；根据情境编故事，把事情发展变化的过程写具体。	《自相矛盾》	正确、流利地朗读课文，背诵课文；联系上下文，猜加点字意思；理解"其人弗能应也"的原因；用自己的话讲本课的故事。
			《田忌赛马》	默读，用自己的话讲田忌赛马的故事；连线赛马对阵图，思考孙膑安排马出场顺序的思路；选做搜集以谋略获胜的故事，进行交流。
			《跳水》	默读，掌握故事起因、经过和结果，讲故事；理解体会描写水手"笑"的语句，体会其与故事情节发展的联系；揣摩体会考船长的思维过程和方法，交流其好处。
			习作	设计探险之旅，想象、预测可能遇到的困境、求生的方法，把过程写具体，并自己进行修改。
			语文园地	梳理本单元学习方法；结合上下文理解词义；理解重点语句，体会人物内心，并仿写；学习、交流修改作文的方法；积累词语。
七	寰宇万花筒	体会静态描写和动态描写的表达效果；搜集资料，介绍一个地方。	《威尼斯的小艇》	默读，分析围绕小艇所写内容；在体会动静描写之美基础上有感情朗读；抓住重点词句体会小艇特点，分析表达效果；链接分析不同作者作品。
			《牧场之国》	有感情朗读；理解作者眼中"真正的荷兰"和其中的原因；阅读描写动物的语句，揣摩理解。
			《*金字塔》	默读，了解金子谈知识，说出自己喜欢的描写方式和理由。
			口语交际	选择情境做讲解员，应用本单元所学的描写方法，按顺序列提纲，并根据听众反应做调整。
			习作	选择一处感兴趣的中国的世界文化遗产介绍给别人，运用本单元学习的描写方法写解说词。
			语文园地	梳理交流本单元所学方法；体会句子描写动、静之美并仿写；体会句子描写景物，体会表达特点；积累古诗。

八	风趣与幽默	感受课文风趣的语言；看漫画，写出自己的想法。	《杨氏之子》	正确、流利地朗读课文，理解重点句子，背诵课文；借助注释了解课文意思，分析杨氏之子的机智。
			《手指》	默读，结合课文内容，说出五根手指的作用；阅读体会语言风趣的句子；想象交流作者笔下的大拇指和食指类型的人；仿照课文表达特点，从人的吴冠中选一个写话练笔。
			《*童年的发现》	默读，找出觉得有趣的部分谈感受，交流自己的"发现"。
			口语交际	选择好玩的笑话相互交流，讲时避免不良口语习惯，听时用心倾听。
			习作	能根据漫画写故事，找出笑点和启示，相互交流修改。
			语文园地	梳理交流本单元所学方法；体会句子表达特点并仿写；临摹楷书；积累经典语句。

（三）学情分析

要素类别	训练项目	已有基础	存在障碍困难	提升点
识字写字		已具有初步独立识字能力，会查字典、词典。能够正确、熟练书写汉字。		
阅读	朗读	初步具备了运用普通话正确、流利朗读的能力。		
	词句理解			
	文章意思			
	情感体验		还不完全具备通过重点词语和语句深入体会人物思想感情的能力。	
综合学习		能够根据学习要求，初步进行资料的搜集和讨论。		通过预习设计，指导学生有目的、有方向的系统搜集信息，讨论交流。

课程目标	（一）识字写字 1.识记生字380个，其中会认"稚""漪"等200个生字，会写"昼""耘"等180个生字。掌握"供""晃"等13个多音字，并能够分析应用。 2.了解汉字的相关知识以及演变过程，形成学习汉字的浓厚兴趣和探究能力。 （二）阅读 3.正确、流利、有感情地朗读课文，默读有一定速度，能根据需要搜集信息。 4.能够结合上下文和生活经验，理解掌握"妒忌""委托"等41个词语的意思及用法，把握重点词句意思。对于不好理解的词句，能够通过上下文内容和个人积累，进行大胆推测和验证，并体会表达的思想感情和表达效果。 5.初步学会阅读中国古典名著的方法和思路。了解文章表达顺序，掌握文章结构，体会作者思想感情。 6.体会通过人物语言、动作、神态描写表现人物特点和通过静态和动态描写进行场景描写的方法，体会其表达效果。 7.诵读优秀诗文，注意通过语调、韵律、节奏等体味作品内容和情感。背诵默写《四时田园杂兴》《从军行》等优秀古诗文。 （三）习作 1.懂得写作是为了自我表达和与人交流。 2.养成留心观察周围事物的习惯，有意识地丰富自己的见闻，珍视个人的独特感受，积累习作素材。 3.能写简单的纪实作文和想象作文，内容具体，感情真实。能根据内容表达需要，分段表述。学写读书笔记，学写常用应用文。 4.修改自己的习作，并主动与他人交换修改，做到语句通顺，行款正确，书写规范、整洁。根据表达需要，正确使用常用的标点符号。 （四）口语交际 1.与人交流尊重和理解对方。 2.乐于参与讨论，敢于发表自己的意见。 3.听人说话认真、耐心，能抓住要点，并能简要转述。 4.表达有条理，语气、语调适当。 5.能根据对象和场合，稍做准备，作简单的发言。 6.注意语言美，抵制不文明语言。 （五）综合性学习 1.为解决与学习和生活相关的问题，利用图书馆、网络等信息渠道获取资料，尝试写简单的研究报告。 2.策划简单的校园活动和社会活动，对策划的主题进行讨论和分析，学写活动计划和活动总结。 3.初步了解查找资料、运用资料的基本方法。

续表

	第1周	1.《古诗三首》（3）2.《祖父的园子》（2）假期读书交流会（2）	第2周	3.《月是故乡明》（1）4.《梅花魂》（1）《口语交际》（1）《习作》（2）课外阅读（2）
学习主题/活动安排（请列出教学进度，包括日期、周次、内容、实施要求）	第3周	《语文园地》（2）5.《草船借箭》（2）6.《景阳冈》（2）课外阅读（1）	第4周	7.《猴王出世》（1）8.《红楼春趣》（1）《口语交际》（1）《习作》（2）《语文园地》（2）
	第5周	口语交际（1课时）回顾拓展（3课时）复习2课时	第6周	《我爱你，汉字》（2）9.《古诗三首》（3）课外阅读（1）
	第7周	《快乐读书吧》（2）《汉字真有趣》（2）课外阅读（2）	第8周	10.《军神》（2）11.《青山处处埋忠骨》（2）课外阅读（2）
	第9周	12.《清贫》（1）《习作》（2）《语文园地》（2）课外阅读（1）	第10周	13.《人物描写一组》（2）14.《刷子李》（2）课外阅读（1）
	第11周	《习作例文》（1）《习作》（2）15.《自相矛盾》（2）课外阅读（2）	第12周	16.《田忌赛马》（2）17.《跳水》（2）课外阅读（2）
	第13周	《习作》（2）《语文园地》（2）18.《威尼斯的小艇》（2）	第14周	课外阅读（1）书法（1）19.《牧场之国》（2）20.《金字塔》（1）《口语交际》（1）
	第15周	《习作》（2）课外阅读（1）《语文园地》（2）21.《杨氏之子》（1）	第16周	22.《手指》（2）课外阅读（2）书法（1）23.《童年的发现》（1）《口语交际》（1）
	第17周	《习作》（2）《语文园地》（2）课外阅读（1）	第18周	复习（7）
	第19周	复习（7）	第20周	复习迎考
评价活动/	课堂学习成果评价量表；课堂小组协作学习评价量表；学生的学习感受			
成绩评定				
主要参考文献	《义务教育语文课程标准（2011年版）》《理想课堂的三重境界》			
备注				

2.单元教学方案

单元名称	第六单元	学科（领域）	语文	单元总课时	9
年级	五	班额	45	课程类型	学科课程
设计者	刘天庆　周勇　陈凤　芦家敏				
背景分析	（一）课标要求 1.前言 在《义务教育语文课程标准（2011年版）》"前言"总述部分，对于语文课程育人方向上提出了"时代的进步要求人们具有开阔的视野、开放的心态、创新的思维"的观点，将"创新的思维"作为培养的方向写入总纲。 在"前言"的第二部分"课程基本理念"的第一大项"全面提高学生的语文素养"中指出"语文课程应激发和培育学生热爱祖国语文的思想感情，引导学生丰富语言积累，培养语感，发展思维"，将"发展思维"列为语文课程的重要素养培养过程。 在"前言"的第二部分"课程基本理念"的第二大项"正确把握语文教育的特点"部分，又提出"语文课程应特别关注汉语言文字的特点对学生识字写字、阅读、写作、口语交际和思维发展等方面的影响，在教学中尤其要重视培养良好的语感和整体把握的能力。"，将"思维发展"列为语文教育培养的重要能力。 由此可见，形成科学思维能力是作为语文课程标准的重要规定内容和必须完成的语文课程任务来设置的。 2.课程目标与内容 在《语文课程标准》的"总体目标与内容"部分，对于思维能力的训练要求是"在发展语言能力的同时，发展思维能力，学习科学的思想方法，逐步养成实事求是、崇尚真知的科学态度。""能主动进行探究性学习，激发想象力和创造潜能，在实践中学习和运用语文。"其中，在第一个学段，对阅读思维训练提出的要求是"结合上下文和生活实际了解课文中词句的意思，在阅读中积累词语。借助读物中的图画阅读。"，第二个学段上升为"能联系上下文，理解词句的意思，体会课文中关键词句表情达意的作用。"，到了对这一个第三学段提出的阅读要求是"能联系上下文和自己的积累，推想课文中有关词句的意思，辨别词语的感情色彩，体会其表达效果""阅读非连续性文本，能从图文等组合材料中找到有价值的信息"，通过观察、理解、分析，是从初步感知到逻辑思维的螺旋上升式推进。对于习作，《语文课程标准》对本学段提出的要求是"养成留心观察周围事物的习惯，有意识地丰富自己的见闻，珍视个人的独特感受，积累习作素材"，这也是在第一学段"对写话有兴

趣，留心周围事物，写自己想说的话"和第二学段"观察周围世界，能不拘形式地写下自己的见闻、感受和想象，注意把自己觉得新奇有趣或印象最深、最受感动的内容写清楚。"的训练基础上提出的，所以，教学中要根据学生学习进程和掌握情况，进行针对性指导。

（二）单元教材分析

本单元是统编教材小学五年级下册第六单元，单元人文主题描述为"思维的火花跨越时空，照亮昨天、今天和明天"，可以简单表述为"思维的火花"。对于语文要素，本单元读的目标是"了解人物的思维过程，加深对课文内容的理解。"，需要落实的写作要素为"根据情境编故事，把事情发展变化的过程写具体。"。

1.单元教材在小学阶段内容编排中的地位

（1）关于小学段思维训练的内容安排情况梳理

学段	级段	单元	人文主题	语文要素	训练要求
	三上	四			一边读一边预测，顺着故事情节猜想。
	三下	一			试着一边读一边想象画面。
		五			走进想象的世界，感受想象的神奇。
	四上	一			边读边想象画面，感受自然之美。
		二			阅读时尝试从不同角度去思考。
	五上	三			走进想象的世界，感受想象的神奇。
	五下	六			了解人物的思维过程，加深对课文的理解。

从上表可以看出，对于学生思维能力的培养，在第一个学段没有非常明确的要求，只是从兴趣出发，让孩子展开丰富的想象，而从第二学段开始，教材中开始出现了明确的指导学生开展有依据、合逻辑的预测、想象要求，着眼于让学生引导学生从不同的角度提出问题，逐步由兴趣走向有序思维。而本学段对于思维能力的训练，开始作为加深对课文的理解的一种重要途径，从感知走向应用。

续表

（2）关于小学段理解课文内容训练的内容安排情况梳理

学段	课程标准	级段	单元	人文主题	语文要素
	借助读物中的图画阅读。	一上	七	儿童生活	联系生活，了解课文内容。
		二上	一	大自然的秘密	借助图片和关键句了解课文内容。
		二下	六	大自然	提取主要信息，联系生活实际，了解课文内容。
	能初步把握文章的主要内容，体会文章表达的思想感情。能对课文中不理解的地方提出疑问。	三上	八	美好品质	带着问题默读，理解课文内容。
		四上	四	神话故事	了解故事的起因、经过、结果，学习把握主要内容。
			七	家国情怀	关注主要人物和事件，学习把握主要内容。
			八	古代故事	抓住故事情节，复述故事。
			六	成长故事	如何把握长文章的主要内容。
	在阅读中了解文章的表达顺序，体会作者的思想感情，初步领悟文章的基本表达方法。在交流和讨论中，敢于提出看法，做出自己的判断。		三	民间故事	了解课文内容，创造性地复述故事。
			八	读书明智	梳理信息，把握内容要点。
			六	思维的火花	了解人物的思维过程，加深对课文的理解。
			八	走近鲁迅	借助资料，了解课文的内容。
			二	世界名著	了解作品梗概，把握名著主要内容。

从上表可以看出，在教材编排中，对于"理解课文内容"的要求是循序渐进安排的，在第一学段，仅仅是要求孩子借助图画阅读，进行想象，意在引起兴趣，引领方向，落脚于"了解"。到了第二学段，该项内容规定为"把握"主要内容，但也仅仅限于初步的"学习"，未做过高要求，同时，将阅读内容从"浅近"的内容过渡到"长文章"，为后面的继续学习做准备。到了本学段，"理解课文内容"也不是独立提出，而是在课程标准中指向于"了解文章的表达顺序，体会作者的思想感情，初步领悟文章的基本表达方法。"，意在学习写作方法，为输出写作做准备。也就是说，"理解文章内容"并非是阅读的终极目标，而是为形成写作能力做铺垫。这在教学中要特别注意。

2. 本单元内容解析

本单元共有三课教学内容，共包含第15课的寓言《自相矛盾》、精读课文第16课《田忌赛马》、第17课《跳水》。第15课《自相矛盾》通过楚人同时卖矛与盾，为了夸口自己所卖物品的功用最强，形成了逻辑上的自我冲突，而被路人诟病的寓言故事，让大家明白说话做事要有严密的逻辑性，避免前后矛盾，互为攻击。这篇寓言是本单元第一课，重点是指导找出逻辑思维的依据和方法。第16课《田忌赛马》是根据《史记.孙子吴起列传》中的相关内容改写而来，写的是军事家孙膑在分析了田忌与齐威王及贵族赛马过程中的实际情况，通过改变出场顺序赢得赛马胜利的故事。在这篇课文中，田忌作为齐国大将与齐威王及贵族们赛马，按其身份和掌握的资源，以及当时情势来看，如果按照常规的出场顺序是几乎没有胜算的。孙膑在对大家的马匹进行了实际的分析比较后，转换思路，改变出场顺序，以一场失利换来两场胜利，是一种整体视角的把握。给大家带来的思路是在《自相矛盾》通过认真分析找到问题的基础上，采用经过认真思考后的解决方法和策略，是对思维的进一步推进，也就是说精心的观察思考形成思维的逻辑判断是基础，根据思维逻辑的判断，找到切实可行并行之有效的方法和举措，是科学解决问题的良好途径。第17课《跳水》是根据列夫.托尔斯泰的作品改编而来，讲得是在一艘环游世界的帆船上，在儿子因气恼追逐其调笑的猴子而爬上桅杆顶端，随时面临生命危险的时刻，迅速判断情况，审时度势，采用举枪瞄准的方式，逼孩子跳入海中而得救，避免了掉在甲板上摔成粉身碎骨的悲剧的故事。文章曲折起伏，情节紧张，船长在瞬间对情势做出正确判断，采取果断措施，肯定是经过了迅速的思维过程，但是文章并没有给出明确的分析，只是用情节和气氛以及人物的语言、动作，进行过程描述，这恰恰就给学生把前面所学的逻辑分析方法和处理问题决策进行应用和延伸提供了机会，是真正形成科学逻辑思维能力的进一步试水。

从课后习题的设置来看，《自相矛盾》中的情节主要形式是对话表现，所以要求要用"正确、流利地朗读课文"，重点是通过人物语言的揣摩，寻找其中的逻辑矛盾。而《田忌赛马》和《跳水》更多的是通过故事情节来进行逻辑思维分析训练，就要求用"默读课文"的方式进行，主要就是引导学生深入沉浸文本，理清逻辑关系。对于其中的逻辑训练，《自相矛盾》要求找出"其人弗能应"的原因，主要指向于找到矛盾点，发现问题，其落脚点是"想到了什么"。对于《田忌赛马》，课后习题设计了连对阵图的练习，并引导学生说一说田忌安排出场顺序的依据，既指向于对现实情况的逻辑判断，解决"想到了什么"的问题，又指向于破解难题、解决问题的逻辑方向，是对本单元语文要素的进一步提升。在输出上，这两篇课文都只要求学生用自己的话讲这个故事，没有要求如何去讲。而到了《跳水》一课，课后习题不仅设计了对水手们的"笑"与故事情节发展联系的分析训练，还把"危急时刻，船长怎么想的？他的办法好在哪？"这些暗含在故事情节中的逻辑思维问题放给学生，让学生应用前面的学习去展开揣摩和思考。对于输出的问题，则要求学生在理清故事发展脉络的基础上，依据逻辑顺序来讲故事。所以，整个的课文排列是按照螺旋上升的顺序进行编排的。

除课文学习外，本单元还设置了"习作"和"语文园地"的训练内容，训练内容是"神奇的探险之旅"，主要是引导学生应用已有的知识和本单元学习的写作方法，展开合理的想象，创设情境编故事，并把事情的发展变化过程写具体，是对于阅读所得向写作输出的导引。"语文园地"共设置三部分内容，"交流平台"是对本单元理解任务思维过程语文要素落实的进一步梳理和巩固交流。"词句段运用"包括三个题目，第一个题目是对文言文中的单音节词与现代双音节词的对接理解指导，帮助学生学习阅读文言文解词的方法，形成古今词义理解的过程。第二个题目的两个例子从本单元的《跳水》一课和本单元外的《琥珀》节选而来，都是对于时间长短、快慢的不同体验性文字，引导学生形成类比体验，并结合个人体验进行仿写，体现了读写结合。第三个题目是以叶圣陶先生对一位中学生作文批改例子，引导学生形成自评自改和互评互改文章的角度和方法的指导。

总之，本单元教材在课程标准阶段要求下，围绕人文主题和语文读写要素落实编排单元内容，课文的编排循序渐进，体现了"浪漫——精确——综合"的训练思路，并在课文学习输入的基础上，形成习作输出，并以"语文园地"形成综合梳理和验证，形成了读写练相联系的闭环，体现了语文学习工具性与人文性的统一，在教学中要形成整体的课程观，用联系的眼光设计教学活动。

续表

单元目标	A类： 1.识记35个生字，其中，会认"吾""弗"等12个生字，会写"矛""盾"等23个生字，掌握多音字"夫"的用法。 2.正确、流利地朗读课文。背诵《自相矛盾》。 B类： 3.能联系上下文理解重点词句，掌握故事发生的起因、经过和结果，用自己的话讲故事
	4.能说出课文中人物思维过程，体会人物思维依据。 5.能借助提示，展开丰富而合理的想象，按事情发展的顺序编写具体形象的探险故事。 6.学会修改作文的思路和方法，能修改自己和同学的作文。 C类； 7.懂得说话要有逻辑性，生活处处皆学问。养成善于观察和思考的习惯，形成发现问题、思考问题、解决问题的思维方式。
评价设计	定量评价；定性评价
学与教活动设计	一、创设最佳学习情境　二、优化设计教学活动　三、加强阅读的指导训练
备注	

3. 课时教学方案一

课时名称	自相矛盾	学科	小学语文	课时	1
使用年级	小学五年级	班额	45	课程类型	学科课程
设计者	刘天庆　周勇				
课时目标	A类： 1.识记6个生字，会写"矛""盾""誉"、"吾"4个生字，会认"弗""夫"2个生字，掌握多音字"夫"的读音。 2.正确、流利地朗读课文。背诵课文。 B类： 3.猜测"誉""弗""立"的意思，说出"其人弗能应"的原因，理解"自相矛盾"的寓意。用自己的话讲这个故事。 C类： 4.懂得说话要有逻辑性，生活处处皆学问。				

| 评价设计 | | 课堂学习成果评价量表
班级_____姓名_____得分_____ | | | | | | | |

评价设计	评价项目	评价标准	等级分				自评	小组评	教师评
			优良	良好	一般	较差			
	知识与技能	掌握本节课的生字新词	10	8	5	3			
		能用普通话正确、流利、有感情地朗读课文	10	8	5	3			
		能清晰地表达自己的观点	10	8	5	3			
	操作技能	用自己的话复述课文	10	8	5	3			
		积极参与小组合作交流	10	8	5	3			
	情感态度	课堂上积极参与、勇于开口、动脑	10	8	5	3			
		小组成员间协作愉快，互帮互助	10	8	5	3			
		对本课内容兴趣浓厚	10	8	5	3			
	我这样评价我自己								
	伙伴眼里的我								
	老师的话								

续表

学与教活动设计	预习题 一、字词大观园: 1. 我来正正音 吾(wú wu)　　弗(fú fò)　　誉(yù yi) 2. 我来辨一辨 (　　)　　(　　)　　(　　)　　(　　) 矛(　　)　予(　　)　　农夫　　　　夫不可陷之矛 3. 我来填一填 "盾"读作　　,是一个　　结构的字,按部首查字法,应查　　部　　画; "誉"是　　结构的字,用部首查字法,应查　　部　　画,可以组成　　、　　等词语。 4. 我来猜一猜 "五指一只手,我手指我口。你要猜得出,我就随你走。"你能猜出这是一个什么字吗?(　　) 5. 我来选一选 "誉"在字典里的意思有:a. 名声;b. 称扬,赞美;c. 古同"豫",欢乐;d. 姓。本课中的"誉"应选项为(　　),"荣誉"中的"誉"应选项为(　　)。 "弗"的意思有以下几项:a. 矫正,纠正;b. 违拗,拂逆;c. 不。"其人弗能应也"中"弗"应选(　　)项。 "立"的意思项有:A. 站;B. 使竖立;使物件的上端向上;C. 直立的;D. 建立;树立;E. 制定;订立;F. 指君主即位。G. 指确定继承地位;确立;H. 存在;生存;I. 立刻。你觉得"不可同世而立"中,"立"的选项应该是(　　)。 二、故事里的智慧: 《自相矛盾》的文体是　　,这种文体一般具有篇幅　　,语言　　的特点,多使用　　的手法,故事往往带有　　或　　的性质。本文后来产生出了一个成语,叫　　,其中寓意是　　。 三、思维里的角逐: 《自相矛盾》中的楚人,夸奖他的盾说:"　　　　　　",如果用一个词来形容他的盾,可以选　　;楚人又夸口他的矛:"　　　　　　",如果用一个词来形容他的盾,可以选　　。可是,他卖矛又卖盾,所以我们选用的两个词的关系是　　。对卖矛和盾的楚人提出问题的人是抓住了　　　　　　让"其人弗能应也"。 四、讲给大家听 想一想,要讲好这个故事,需要做哪些工作,并试着用自己的话讲这个故事给大家听,看谁讲得更有意思、更具体。

续表

教学过程设计			
教学环节	教师活动	学生活动	设计意图
一、影视激趣，导入新课 【目标B3，3分钟】	1.播放古战场场景，引导学生观察思考：影视剧中古代战争，主要使用的攻防武器是什么？各有什么作用？（这里要直指矛和盾，尽量剔除内容无关的，根据学生回答，引导思考矛和盾是对立的。） 2.情境激趣，引入思维 如果你是卖矛和卖盾的商家，会怎么吆喝叫卖？谁来试试？（点名回答，要避开课文，引导学生根据生活经验吆喝。） 评价后引导：这是卖矛的和卖盾的互相吆喝，要是一个人既卖矛又卖盾，再这样吆喝就热闹了！今天，我们就来学习第15课《自相矛盾》，看看会是什么结果（板书课题）	1.看影视片段，找出片段中使用的攻防武器，并讨论其作用。 2.根据老师点名回答，注意语气、神情、动作，相互提醒。	通过对古战场上攻防武器及其功用的了解，为学生分析楚人前后对立矛盾的铺垫，也是对读文兴趣的引导。同时，通过引导孩子进行生活化训练，也为后面的用自己的话讲故事做准备。

		3. 了解单元训练项目，明确学习方向 本单元是统编版小学语文第六单元，大家迅速看一下第六单元的导读，交流一下，单元主题是什么？看看我们这个单元需要解决什么问题？（学生阅读后，点名回答）下面，我们就先通过第15课的学习，看看思维的过程是怎样的，怎样通过了解人物思维过程，来加深对课文内容的理解。	3. 阅读单元导读，交流。按照老师点名回答，相互补充。	通过整体把握单元的训练目标，引导孩子形成思维意识，寻找思维方法。
	二、单元导读【目标 B3，1分钟】			
	三、检查预习【目标 A1.A2，用时5分钟】	4. 小组互查互检字词 课前，已经让大家自己对课文进行了预习，现在请大家以小组为单位进行生字词的互检交流，看看在掌握的过程中还有哪些问题，提出来大家一起解决。	4. 小组相互检查，找出问题，进行交流。并根据老师的引导和大家的见解，形成互补。	通过对预习情况的初步检查，深入了解学生在学习这则寓言中对字词、朗读的问题，在后面的文章深入解读理解中，进行针对性处理。

		可能会出现的问题：1."誉"和"立"的义项选择，根据学生出现情况适当点拨，可以用前面的"猜"的方法，让学生结合上下文和生活实际讨论。如果仍不能真正理解，就引入原文阅读去揣摩。2.矛和盾的功用选词，可能会有不同，引导学生比较分析，对应体会楚人的夸口原文。 5. 检查朗读： 前面，我们已经让大家尝试用自己的语言来宣传矛和盾的优点，大家说得很形象。现在，我们再来试试用古人的口吻读一读这篇课文，看看有什么感觉，要做到正确、流利，还要配合语言、动作和神态读出人物特点来哦！ （学生自由朗读后，点名朗读，评议指导）	5.同桌对读，按照老师点名朗读。	

续表

		6.引导整体解文：前面大家已经进行了预习，找同学来说一下：这篇课文是什么体裁的文章？写的是什么样的故事？（点名回答，评价。这里重点要引导楚人的矛盾语言，与路人的诘问与结果。）大家想一想：楚人开始在市场上吆喝时，是一种什么样的心情？读时该怎样表现？被别人诘问后，心情有什么变化？读时该怎样表现（学生讨论后点名发言，引导，特别是要注意"誉"的义项引导）试着读出来吧（巡视，发现典型，点名读文，指导朗读，评价交流）。	6.根据点名回答，相互补充。 讨论交流，尝试读文。 品味阅读 找到"或"，猜字的意思：有人。 观察插图，讨论发言，进一步领会，"或"是极少数善于思考，形成缜密逻辑的有心人。 讨论，读文找句子，交流。根据老师的点拨，分析可能的结果，得出结论。	本则寓言波折处就在于楚人语言之间的矛盾对立以及情绪变化，以及对路人语言和神态的变化的想象产生出的影响，以及深藏其中的寓意。指导揣摩人物语言，想象人物动作、神态，就可以让学生深入语境，产生思维上的逻辑过程，帮助理解其中蕴含的主旨。
	四、分析寓言故事，把握寓言主旨【目标B3，20分钟】			

续表

		这则寓言，一共出现了两个典型人物，一个是卖矛和盾的楚人，另一个在哪呢？（"或"的用法）这个"或"是随便的一个人吗？为什么？想想他说话的语气和神态会是什么样的？书上的插图可以帮我们去找到答案。（根据学生回答引导：这个"或"可不是随便的一个人，而是一个思维敏捷、善于发现问题的人。这里要引导学生体会，很多看似平淡的事情，其实是有问题存在的。市场上大部分人可能只关注了楚人的叫卖热闹场面，而没有注意其逻辑上的对立。这就是生活处处皆学问。） 到这里，大家可以想一想：为什么"其人弗能应也"？哪句话可以揭示这个问题？为什么？（根据学生交流情况，点拨。重点让学生通过"攻"和"防"来分析同时存在的不可能性。这里要重点注意"立"的义项。）		

| | | 7.指导改写现代文
本课课后要求大家用自己的话讲讲这个故事，大家觉得要想讲好这个故事，前提是什么？（根据发言反馈梳理，要想讲好故事，先必须把古文意思弄懂弄通，再展开想象，使内容更具体、生动。）
前面大家已经进行了预习和课上通读、朗读，知道了大体意思，也排除了文章里比较难懂的字词，像这样的寓言故事，我们有哪些方法来理解，大家还有没有印象？（根据学生回顾，梳理方法：借助注释；查字典；掌握重点字词；联系上下文和生活）
下边，大家就用这些方法试一试把这篇课文改写成现代文。（巡查指导，发现典型基础上，指名展示交流。指导学生转换时既要忠实原文，又要结合现代文表达方式。） | 7.自由发表意见，相互提醒补充

学生回顾、补充学习解读的方法。

根据要求改写。

根据点名展示交流。

学生背诵，互查。

根据点名背诵。

学生小组讨论要点做准备。

各组代表讲故事。 | 寓言语句简洁、凝练，文字拗口，与现代文之间存在很大差异。要用自己的话来把寓言讲出来，要首先形成忠实于原文的改写，然后根据想象，用丰富的语言进行充实，讲起来才更加具有趣味性和启迪性。对于寓言的背诵，也要求是深入理解原文意思，形成逻辑性，才能不至于囫囵吞枣、前背后忘。 |
| 五、改写背诵，讲故事，深入理解【目标B3，8分钟】 | | | |

		8. 指导背诵 寓言这种文体语言精练、寓意深刻，对于发展我们的思维能力非常有好处。大家已经很好地对这则寓言进行了改写，文章的思路也已经很清楚了。我想很多同学已经能把它一字不错地背诵下来了，再给大家一分钟，看谁能有滋有味地背给大家听！已经能背下来的可以先让自己的同桌听一听。（巡查，点名背诵，指导） 9. 试讲故事，加深理解 大家朗读这么有特点，背得这么熟，改写得这样生动，思路这样清晰，讲起故事来肯定也是非常精彩。现在再给大家一分钟准备，小组讨论讲的思路和要点，派代表来讲一讲这个故事，一定要让大家感到就在当时的现场哦！（巡查指导：语言、神态、动作，以及气氛变化） 指导小组讲故事交流，针对语言、动作、神态的丰富性、故事性进行针对点评。		

续表

	六、总结寓意，梳理思路【目标C4，2分钟】	10.引导思考 大家读得认认真真，讲得绘声绘色，你又体会到了什么呢? 根据发言点评，引导学生梳理，进一步引导：说话做事都要符合逻辑，避免前后冲突，善于发现问题是解决问题的首要条件。	10.自由发言，相互交流	梳理寓言主旨，指向方法训练。
	板书设计			
	教学反思	反思整个教学过程，我自己认为成功之处有以下三个方面： 一、初读课文，要求读正确流利，注意节奏。 学习新课时，先听教师示范朗读，抑扬顿挫的朗读声一下子把学生带入到课文的情境之中，激发了学生学习的兴趣。然后学生自由读课文，读准字音，试着把需要停顿的地方读好，随后让学生把课文读熟练，同时对课文的内容有了一个整体的把握。 二、结合课文中的重点语句，精读体会。 体会不同人物会做出什么样的表情说出什么样的话呢？注重语气。抓住朗读。		
备注				

4. 课时教学方案二

课时名称	田忌赛马	学科	小学语文	课时	2
使用年级	小学五年级	班额	45	课程类型	学科课程
设计者			刘天庆　周勇		

课时目标	A 类： 1.识记 7 个生字，会写"赢""拳"等 5 个生字，会认"策""荐"2 个生字，掌握多音字"夫"的读音，会写"赏识""脚力"等 8 个词语，理解"胸有成竹""跃跃欲试"等五个成语意思。 B 类： 2.默读，读懂课文主要内容，知道故事发生的起因、经过和结果，用自己的话讲这个故事。 3.能借助图示，抓住人物语言、动作、神态推想孙膑思维和决策过程。 C 类： 4.体会孙膑仔细观察、认真分析、创造性解决问题的智慧。
学与教活动设计	预习题 一、字词我自己解决： 1.用自己的方法学会《田忌赛马》中 5 个生字，能在课文中找到相关词语，能够读音辨别，其中"赢""拳"等五个能够正确书写。跟同学交流自己学习的方法。 2.我知道差别在哪，还能分清组词 赢（　　） 券（　　） 擦（　　　） 羸（　　） 卷（　　） 檫（　　　） 赢（　　） 拳（　　） 镲（　　　） 3.填一填 "赢"的读音是　　　，它是一个　　　结构的字，共有　　　画，第十四画是　　　，笔画名称是　　　。"赢"在字典里的解释有三项：①获利；②胜；③通"盈"，充满。在本课中应选　　　。 "擦"是一个　　　结构的字，读音是　　　，按音序查字法应查的音序是　　　。 4.看图猜本课成语，并说一说大体的意思 二、读出故事里的智慧 1.《田忌赛马》讲的是齐国大将　　　与　　　赛马的故事。在这次赛马之前，他们赛马的出场顺序是　　　　　　　　　　，结果是　　　　，这个结果你是怎么知道的？为什么会是这个结果？请用一张表格进行统计说明。

2.《田忌赛马》这篇文章中讲述的这次赛马的　　　　　改变了，造成了比赛的结果也被改变了，这次的获胜者是　　　　　。请用表格的形式进行统计，想一想：为什么会出现这样的结果？

3.本次赛马是在　　　　的策划下进行的，他这样策划是因为　　　　，发现　　　　，适当改变　　　　，就可能取得　　　胜　　　负的结果，最终获得　　　　。但是取得这样的结果的前提是　　　　。

4.之所以会听从　　　　的谋略，是因为大将　　　　对他　　　　，看到他　　　　的表现。本次比赛第一场结束时，大将　　　　的表现是　　　　，第二场结束时，表现为　　　　，第三场结束，表现为　　　　。可以看出大将　　　的心理变化是怎样的？

三、创新你的思维

你觉得他们的比赛除了这两种比赛方法和结果外，还可能有什么方式和结果？如果你是本次赛马失败方的谋士，你有什么办法改变这个比赛结果？请用表格进行设计说明。

四.我会搜集

搜集孙膑的资料和故事，相互交流。

教学过程设计

教学环节	教师活动	学生活动	设计意图
一、交流孙膑资料，导入新课【2分钟】	课前，安排大家了解孙膑的资料和故事，谁能给大家介绍一下？介绍时不要重复，有同学介绍过的，后面就不再说同样的内容了。针对学生了解情况总结：孙膑是战国时候著名的军事家，以谋略见长，今天要学习的《田忌赛马》就是他最早运用"策对论"取胜的故事。（板书课题）	自由发言，认真倾听补充。	激发学生兴趣，师生共同了解孙膑以及田忌赛马的故事，了解

续表

		同学们，你们认识屏幕上的词语吗？请大声地读出来。（跃跃欲试、胸有成竹、赢得......）	积极回答预习内容，扎实掌握本课字词，以便深入理解课文	通过对预习情况的初步检查，深入了解学生在学习这则寓言中对字词，在后面的文章深入解读理解中，进行针对性处理。
二、检查字词预习和内容掌握【目标 A1，B2，6分钟】		3.在我们的学习或日常生活中，你见过或参加过哪些比赛项目？（参加过奥数比赛、骑车比赛、跳高比赛，见过骑马比赛、骑车比赛、游泳比赛、跳水比赛、射击比赛、滑冰比赛、体操比赛,,,）		
三、交流文章主要内容，试讲故事。【目标 B2，5分钟】		谈话揭题：今天，我们要学的课文也和比赛有关，赛什么呢？（在"赛"字的后面写出"马"字）（板书：赛马）。你们想不想知道是谁赛马呢？（在"赛"字的前面写出"田忌"）（板书：田忌赛马）学生大声读出"田忌赛马"。战国时期齐国名将。约为公元前340年，孙膑逃亡到齐国时，田忌赏识孙膑的才能，收为门客。在一次赛马时，孙膑向田忌提出了以下等马对上等马，以上等马对中等马，以中等马对下等马的田忌赛马法。	根据老师点名回答，注意语气、神情、动作，相互提醒。 按照老师引导，学生说出文章主题内容	要用自己的话来把故事讲出来，要首先形成忠实于原文的改写，然后根据想象，用丰富的语言进行充实。 锻炼学生口语交际的你能力。让学生学会表达自己的想法

续表

| | | 第一部分：孙膑观赛，发现策略。这一段重点讲了孙膑看了田忌同齐威王及贵族们的几场赛马，发现了取胜的策略。（板书：发现策略）第二部分：孙膑献策，准备赛马（3-10自然段）孙膑献策。主要写田忌在孙膑指点下，同齐威王及贵族们约好一起赛马。这一部分主要写田忌和孙膑的对话和他们说话时的动作、神态。（板书：孙膑献策）第三部分：调换顺序，以智取胜。（11-16自然段）写孙膑帮助田忌用调换出场顺序的办法战胜了齐威王，点明孙膑以智谋取胜。（板书：以智取胜）课文以"赛马"为线索，具体记叙了比赛的过程。在结尾处画龙点睛地说明了比赛胜利的原因。田忌为什么胜了？（田忌是因为做到了知己知彼，了解了齐王的具体情况，集中优势，做出战略取舍，以避其锋芒，以弱对强，以强压弱。） | 得出结论

根据课文要求分析事情的起因、经过、结果 | 默读，用自己的话讲田忌赛马的故事；连线赛马对阵图，思考孙膑安排马出场顺序的思路；选做搜集以谋略获胜的故事，进行交流。 |
| 四、分析比赛情况，揣摩孙膑思路【目标B3，20分钟】 | | | |

续表

五、布置作业【目标，1分钟】	1.这一节课，我们学习了生字词，并一道欣赏了赛马过程。 2.请同学们课下练习感情朗读课文。 3.知道用原来的马，只调换一下出场顺序，田忌就转败为胜的原因。了解不同的思维方式带来的巨大变化，说说从中受到的启发。	自由朗读课文 复习字词和赛马过程	能理解田忌转败为胜的原因，懂得无论胜利还是失败都应冷静仔细地分析局面，把握时机，找到解决问题的好方法。
板书设计	田忌赛马 齐威王　　　　　田忌 上等马　　　　　上等马 中等马　　　　　中等马 下等马　　　　　下等马		
教学反思	存在的不足主要存在于以下两个方面： 1.没有充分利用电教手段。在本节课的教学设计中，如果针对教材和学生的实际情况，适时以图片、动画、放音乐的形式展现在多媒体设备上，既充实了教材的内容，又有利于提高学生的积极性。 2.小组合作环节没有照顾到学困生。部分基础知识薄弱、反应慢的学生却不知从何想起、从何说起、从何做起。那些爱发言、愿意表现自我的孩子表现用心。结果会导致班级内学生之间的差距越来越大。		
备注			

5. 课时教学方案三

课时名称	跳水	学科	小学语文	课时	2
使用年级	小学五年级	班额	45	课程类型	学科课程
设计者			刘天庆　周勇		

课时目标	A类： 1. 识记 15 个生字，会写"搜""航"等 14 个生字，会认"肆""桅" 7 个生字，会写"航行""风平浪静"等 12 个词语。 2. 默读，读懂课文主要内容，知道故事发生的起因、经过和结果，用自己的话讲这个故事。 B类： 3. 知道并说出水手的笑与故事情节发展的关系。 4. 能推想出船长的思维过程，说出船长的办法为什么好。 C类： 5. 学会理性分析，创造性解决问题的智慧。
评价设计	**课堂小组协作学习评价表** | 编号	题目	成员 1	成员 2	成员 3	成员 4
---	---	---	---	---	---
1	大部分时间里他（她）踊跃参与，表现积极				
2	他（她）经常鼓励 / 督促小组其他成员积极参加				
3	他（她）能够完成该做的学习任务				
4	我对他（她）的表现满意					
学与教活动设计	**教学过程设计** 第一课时 	教学环节	教师活动	学生活动	设计意图
---	---	---	---	

续表

		一、激趣导入，交流资料。 1. 板书：跳水 2. 同学们，看到这个词语，你都想到了什么？（学生自由发言。） 3. 教师小结，导入课题：今天我们来学习一篇新的课文，课文的题目就是"跳水"。文章的作者是 19 世纪俄国伟大的作家列夫·托尔斯泰。 列夫·尼古拉耶维奇·托尔斯泰，（1828年9月9日 –1910年11月20日），19 世纪中期俄国批判现实主义作家、思想家，哲学家，代表作有《战争与和平》《安娜·卡列尼娜》《复活》等。 4. 看到这个题目，你肯定有很多问题要提出来，谁先来说说？（学生发言。） 5. 教师归纳。 （1）谁跳水？ （2）为什么跳水？ （3）他在什么情况下跳的水？ （4）经过怎样？ （5）结果又如何等。 6. 引导阅读：下面我们就从故事的起因、发展、高潮和结局几个方面来了解这个故事，了解故事中人物的思维过程。	师生谈话 了解作者 阅读课文、进行交流。按照老师点名回答， 学生共同提问问题 讨论发言，进一步领会	通过引导孩子进行生活化训练，也为后面的用自己的话讲故事做准备。
一、导入新课【2分钟】				
二、检查字词预习和内容掌握【目标 A1，B2，6 分钟】		检查自学情况。交流字、词的掌握情况。 （1）课件出示生字词语，检查学生认读生字新词。 （2）指名学生分自然段合作读课文，师生评议，纠正读得不准确的字音。 （3）理解词语。 ①在小组内说一说自己理解了哪些词，是用什么方法理解的。 ②把不理解意思的词语或句子找出来，选择自己喜欢的方法理解，然后在小组内互相交流，教师做适当点拨。	老师点名检查预习情况 小组之间进行问题讨论	小组之间进行交流，能够增进学生集体的力量和凝聚力，使学生在课堂上占据主导地位

续表

		学生读书后说说课文主要讲了一件什么事。（一只顽皮的猴子在船上蹦来蹦去，成为水手们的笑料。它越发放肆，摘掉了船长儿子的帽子，爬上了桅杆，孩子恼羞成怒，追了上去，一直到桅杆顶上的横木上。他虽然取得了帽子，但也把自己陷入了进退两难的境地，如果一失足就会摔到甲板上，落个粉身碎骨，即使不失足，也难以转身走回。在场所有人都提心吊胆，为孩子处境担忧。孩子的父亲——船长用枪"逼"着孩子跳水。最后，孩子得救了。）	学生讲述课文讲的主要内容 锻炼学生的口语交际	增强学生总结课文的能力
三、交流文章主要内容，试讲故事。分析故事，把握寓言主旨【目标B3，20分钟】		2. 提出不懂的问题，互相交流。 3. 在课文中标画出故事中有哪些角色，简单说明他们之间有什么联系？（水手们拿猴子取乐，猴子逗孩子，孩子追猴子，发生了危险，船长要孩子跳水，水手们把孩子救上船，孩子得救了。）（水手们拿猴子取乐—猴子逗孩子—孩子追猴子—发生了危险—船长要孩子跳水—水手们把孩子救上船。） 4. 用简单的语言说说故事的起因、发展、高潮和结局。 （1）起因：帆船上由于水手们拿猴子取乐，一只猴子十分放肆。 （2）发展：猴子戏弄孩子，孩子爬上桅杆追猴子。 （3）高潮：孩子走上最高横木，遇到生命危险。 （4）结局：船长命令孩子跳水，水手们把孩子救上船。	画出故事中的角色进行进一步的分析 起因、经过、结果	通过故事情节来进行逻辑思维分析训练，就要求用"默读课文"的方式进行， 主要就是引导学生深入沉浸文本，理清逻辑关系。对于其中的逻辑训练，
		四、指导书写生字。 1. 课件出示文中的会写字，指导学生观察字形，观察笔画在田字格里的位置，了解生字的结构。 2. 学生练习书写。 3. 投影展示学生习字，师生评议。 五、作业设计： 读读课文，把课文多次描写水手的句子标注出来，说说它们在推动情节发展方面的作用。	教师指导学生写字	

		再读课文，探究初成。 1. 提出问题： （1）孩子为什么会走到桅杆顶端的横木上去？ （2）从哪些地方看出孩子的处境十分危险？ 2. 学生自由读书，在课文旁边写一写自己的理解和感悟。	学生自读课文，并写一写自己的感悟和理解	分析水手和孩子的语言和神态的变化的想象产生出的影响，以及深藏其中的寓意。
四、讲故事，深入理解【目标B3，8分钟】		3. 小组内互相交流读书收获，小组长整理并记录小组同学的发言。 4. 小组派代表做汇报发言，全班汇报交流。 三、细读感悟，深入探究。 1. 孩子为什么会走到桅杆顶端的横木上去？ （1）用课文中的句子说说孩子为什么爬上桅杆？ 猴子忽然跳到他面前，摘下他的帽子戴在自己的头上，很快地爬上了桅杆。	小组相互交流并派代表在全班同学面前做汇报交流	
		水手们又大笑起来，只有那个孩子哭笑不得，眼巴巴地望着猴子坐在桅杆的第一根横木上，摘下帽子来用牙齿咬，用爪子撕，好像故意地逗他生气，孩子吓唬它，朝着它大喊大叫。猴子不但不理，还撕得更凶了。	根据教师提名来回答问题	
		水手们笑得更欢了，孩子却气得脸都红了。他脱了上衣，爬上桅杆去追猴子。 ①读一读，说说自己的理解。 a. 猴子逗孩子，水手们在一旁"都笑起来"，孩子"哭笑不得"，很尴尬。 b. 猴子不怕孩子的吓唬和喊叫，撕得更凶了。水手们反而"笑的声音更大了"。孩子的自尊心受到伤害，很生气，于是爬上桅杆去追猴子，想制服它。 ②议一议：此刻，孩子心里想的是什么？（我要是拿不回帽子，也太丢面子了。）（我一定要追上这只可恶的猴子，夺回帽子，绝不能轻易便宜了它。） ③指导朗读，读出猴子的调皮，读出水手们的快乐，读出孩子的生气。	学生思考此时此刻孩子心里想的什么 大胆发言 指导朗诵	指导揣摩人物语言，想象人物动作、神态，就可以让学生深入语境，产生思维上的逻辑过程，帮助理解其中蕴含的主旨。

续表

五、布置作业【目标，分钟】	师生进行总结全文，拓展延伸。 1. 通读全文。 2. 学习课文后，你最大的收获是什么？（要学习船长遇事，沉着冷静，不要束手无策，要想办法，用最好的办法解决问题。） 3. 孩子得救了，而那只调皮的猴子还在桅杆的顶端，它会有怎样的结局呢？课后，请大家以《猴子的结局》为题给《跳水》写续篇。	学生思考学习课文后的最大收获 提升孩子们的想象力	续写根据想象，用丰富的语言进行充实，讲起来才更加具有趣味性和启迪性。要求是深入理解原文意思，形成逻辑性。
板书设计	跳水 起因——水手戏猴、猴子放肆 发展——猴戏孩子、孩子追猴 跳水　经过　船长沉着镇静、机智果断 高潮——孩子追猴、走上横木 结果——船长举枪、孩子得救		
教学反思	在本课时的教学中，我认为还有不足的地方。存在的不足主要表现在拓展交流环节。 1. 在拓展交流环节可以启发学生思考：为什么在孩子千钧一发之际，其他人束 手无策，船长却这样沉着，能想出"跳水"的办法来？通过交流使学生就能进一步认识到这个船长是远洋轮船的船长，而远洋轮船在航行中是会遇到各种风险的，船长具有应付各种复杂情况的经验，所以能临危不乱，当机立断。 2. 在拓展交流环节还可以启发学生思考：万一那孩子在船长命令发出后还没有 跳水，船长会不会真的开枪？他该怎么办？在交流中使学生的思维发生变通，对学生进行创造性思维训练，而这种训练是与我们的语文教学有机结合在一起的。		
备注			

6. 课时教学方案四

课时名称	神秘的探险之旅（习作）	学科	小学语文	课时	1
使用年级	小学五年级	班额	45	课程类型	学科课程
设计	刘天庆　周勇　陈凤　芦家敏				
课时目标	1. 在习作中描写自己想象中的探险之旅。 2. 养成修改自己习作的习惯，并能主动与他人交换修改习作。				

续表

<table>
<tr><td rowspan="5">评价设计</td><td colspan="6" align="center">课堂小组协作学习评价表</td></tr>
<tr><td>编号</td><td align="center">题目</td><td>成员 1</td><td>成员 2</td><td>成员 3</td><td>成员 4</td></tr>
<tr><td>1</td><td>大部分时间里他（她）踊跃参与，表现积极</td><td></td><td></td><td></td><td></td></tr>
<tr><td>2</td><td>他（她）经常鼓励／督促小组其他成员积极参加</td><td></td><td></td><td></td><td></td></tr>
<tr><td>3</td><td>他（她）能够完成该做的学习任务</td><td></td><td></td><td></td><td></td></tr>
</table>

<table>
<tr><td></td><td>4</td><td>我对他（她）的表现满意</td><td></td><td></td><td></td><td></td></tr>
</table>

<table>
<tr><td rowspan="3">学与教活动设计</td><td colspan="4">教学过程设计</td></tr>
<tr><td>教学环节</td><td align="center">教师活动</td><td>学生活动</td><td>设计意图</td></tr>
<tr><td>一、交流激趣，导入新课【目标B3，3分钟】</td><td>1. 出示《活宝三人组·探险记》内容介绍。
暑假去四国八谷飞伯父家玩耍的三人组，偷偷驾驶摩托艇出海，悲惨地失踪于濑户内海，三人被当成海上遇难者……然而，漂流到无人岛上的生活，却如此多姿多彩，钓鱼、找海螺、采百合根做食物，搭了帐篷和厕所，本以为要在岛上生活几十年，没想居然遇到特凶作恶的狮子，于是三人上演一出抓狮子的好戏……
2. 学生自由阅读，教师相机提示：同学们刚刚阅读的是日本儿童文学作家那须正干的《活宝三人组·探险记》的内容介绍。
3. 谈话导入：你们喜欢探险吗？（喜欢）这次习作就让我们编写一个惊险刺激的探险故事吧。（板书：习作——神奇的探险之旅）</td><td>学生自主阅读，体会故事的神奇。故事里的主人公手持一只神奇的画笔，用勇敢、顽强和智慧一次次化险为夷。</td><td>名作欣赏，激发了学生的习作兴趣，通过一个充满想象力的绘本故事，引导学生明确此次习作的主题，激发学生的创作欲望。</td></tr>
</table>

	二、多媒体展示，引导选材【目标B3，1分钟】	1.出示人物提示。 人物 	人物	
经验丰富的探险爱好者 知识渊博的生物学家 见多识广的向导	好奇心强、性格活泼的妹妹 胆子大、行事鲁莽的表哥 心细而胆小的同学 | （1）小组交流：你希望和谁一同去探险？从上面的两列人物中各选一个，和你一起组成一支探险小队。 （2）小组派代表汇报，全班交流。 2.出示场景、装备、险情提示。 | 场景	装备	险情
---	---	---
茫茫大漠、热带雨林、海中荒岛、幽深洞穴、南极冰川……	指南针、地图、饮用水、食物、药品、帐篷……	遭遇猛兽、暴雨来袭、突发疾病、断水断粮、落石雪崩…… | （1）小组交流：你想去哪儿探险？打算带上哪些装备？可能会遇到什么险情？ （2）小组派代表汇报，全班交流	学生在小组内交流	利用表格的形式为学生提供了合作者以及场景、装备、险情等示例，拓展了学生思维的空间。

| 三、互相交流，指导命题【目标A1.A2，用时5分钟】 | 1. 小组交流：怎样根据要求写出条理清晰、惊险刺激的习作?
2. 全班交流，教师评议并小结。
（1）写的时候要展开丰富合理的想象。
（2）把遇到的困境、求生的方法写具体。
（3）如果能把心情的变化写出来就更好了。
3. 指导命题。
（1）可以将"神奇的探险之旅"作为习作的题目。
（2）可以根据选取的材料进行命题。如《大漠探险之旅》。
（3）可以根据自己最深刻的感受对习作进行命题。如《有惊无险》。
（4）可以把自己受到的教育或启发作为习作的题目。如《知识改变"命运"》 | 小组交流合作，确定自己的习作题目 | 以名篇作为此次习作的例文，极大地调动了学生参与习作的积极性，引导学生了解了习作方法。 |
| 四　欣赏范文，掌握技法【目标B3，20分钟】 | 出示范文。
沙漠之旅
我见过波澜壮阔的大海，见过高耸入云的山峰，见过变化多端的云海，却从未见过真正的沙漠。那次去敦煌旅游，我就和沙漠来了个亲密接触。
抵达敦煌的第二天，我们便出发前往鸣沙山月牙泉。环顾四周，只有一望无际的黄沙。看到了沙漠，我情不自禁地欢呼起来。
工作人员牵来了几只高大的骆驼，我毫不犹豫地跨上了一只骆驼。骑在骆驼背上扭头看看其他队伍，又瞧瞧不远处的登山者，我不由得发出了感叹："沙漠之路虽然充满了崎岖、坎坷，但是依然有千千万万的挑战者要征服它，我也一样。"在茫茫的沙漠之中骑着"沙漠之舟"，我有一种难以言说的自豪感。听着清脆的铃声，看着满地的黄沙，我恍若成了古时候的旅行者，伴着夕阳缓缓而行…… | 品味阅读，讨论，读文找句子，交流。根据老师的点拨，分析可能的结果，得出结论。 | 以名篇作为此次习作的例文，极大地调动了学生参与习作的积极性，引导学生了解了习作方法 |

		要滑沙就要先上一座山。我带头走上了这座几乎垂直的沙山，山上唯一可以利用的是一架梯子，但是我不想走寻常路，想要体会一下在沙地中行走的艰难。刚开始，我两三步就冲上了一大截。渐渐地，我有些体力不支，脚步放慢了一些，前脚深后脚浅，还时不时下滑了好几步。"逆水行舟，不进则退"，我只好把步子迈得更大些。后来我不得不坐在梯子上歇一会儿，再抬头一看，还有将近一半的路程，我差点儿晕过去。连滚带爬地到了山顶，终于可以滑沙了，我迫不及待地坐上了皮艇。皮艇先是缓慢地移动，然后飞速下坡，几乎是在垂直地向下滑，周围的事物在我的眼中扭曲得无法成形。风把黄沙吹进我的眼中，于是我尽量地压低身子，强大的气流使我喘不过气来，胸口仿佛压了件重物，异常烦闷，心脏好像要蹦出来一样。热浪拂过脸庞，皮艇终于停了下来，我直呼过瘾。再看看其他人，不是吓白了脸就是坐在地上吓破了胆，不过大家都是意犹未尽的样子。 沙漠之旅刺激至极，没想到我在茫茫沙漠中也能找到乐趣。 2.学生欣赏范文，说说什么地方写得好。 3.小组交流，派代表汇报，全班交流，教师小结，掌握技法。 （1）展开丰富合理的想象。 ①文章开头以大海、山峰、云海作比，表达了作者对沙漠的向往之情。 ②"我"骑着"沙漠之舟"进入沙漠"恍若成了古时候的旅行者，伴着夕阳缓缓而行"表达了作者初入沙漠时内心的悠然自得。		

| | | （2）把遇到的困境、解决方法、曲折的过程写具体。
①"我带头走上了这座几乎垂直的沙山，山上唯一可以利用的是一架梯子"这句话中的"垂直""唯一"准确地描述了攀登沙山的困难。
②"渐渐地，我有些体力不支，脚步放慢了一些，前脚深后脚浅，还时不时下滑了好几步。……我差点儿晕过去"这几句话通过对"我"爬沙山的动作和心理活动的描写，准确地表现了爬沙山的艰难和曲折。
③"再看看其他人，不是吓白了脸就是坐在地上吓破了胆"一句借助对周围其他人的描写表现了滑沙的惊险、刺激。
（3）把心情的变化写出来。
①"我见过波澜壮阔的大海，见过高耸入云的山峰，见过变化多端的云海，却从未见过真正的沙漠"是写"我"对沙漠的向往。
②"沙漠之路虽然充满了崎岖、坎坷，但是依然有千千万万的挑战者要征服它，我也一样"是写"我"对沙漠探险充满自信。
③"但是我不想走寻常路，想要体会一下在沙地中行走的艰难"是写"我"征服自然的决心。
④"再抬头一看，还有将近一半的路程，我差点儿晕过去"是写"我"认识到困难之大。
⑤"沙漠之旅刺激至极，没想到我在茫茫沙漠中也能找到乐趣"是写"我"的总体感受——惊险、刺激、高兴。 | | |

续表

	五、独立习作，教师巡视【目标B3，8分钟】	1. 明确习作要求。 2. 学生独立完成习作，教师巡视，个别指导，提醒学生格式要正确。	列提纲，独立写作	训练学生独立写作能力
	六、全班交际，师生评议【目标C4，2分钟】	1. 习作完成后自己阅读并修改，保证句子通顺，没有错别字。 2. 以小组为单位互相评议，提出修改意见。选出最好的一篇习作作为小组的代表作。 3. 教师出示巡视时发现的优秀学生习作，学生自由阅读，进行评议，发现亮点，提倡借鉴。 4. 教师出示巡视时发现的存在普遍性问题的学生习作，学生自由阅读，进行评议，发现问题，提出建议		小组交流、全班交流这一环节的目的是培养学生分享习作的意识。
	板书设计	习作提纲要求 1. 故事发生的背景是什么？ 2. 发生了怎样的困境，对应的求生方法是什么？ 3. 人物有怎样的心理活动？ 4. 打算拟定什么题目？		
	教学反思			
备注				

7. 课时教学方案五

课时名称	语文园地	学科	小学语文	课时	1
使用年级	小学五年级	班额	45	课程类型	学科课程
设计者	刘天庆　周勇　陈凤　芦家敏				
课时目标	1. 了解人物的思维过程，加深对课文内容的理解。 2. 学习并积累理解文言文重点字词意思的方法；了解描写人物感受的方法，并试着写一写；掌握修改作文的方法。 3. 掌握古人对不同年龄的称谓				

续表

教学环节		教师活动	学生活动	设计意图
评价设计	一、学习"交流平台"【目标A1A2，10分钟】	1.人物的思维过程多种多样，有的比较直接，有的比较含蓄。阅读课文时，我们要了解人物的思维过程，加深对课文内容的理解。 2.小组交流：在对本单元课文的学习中，你都了解了哪些人物的思维过程？其思维过程是怎样的？ 3.小组派代表汇报，教师评议，引导交流。（出示多媒体） 第一场，田忌先用下等马对齐威王的上等马，齐威王的马遥遥领先。田忌输了，但他不动声色，一点儿都不着急。 接着，第二场比赛开始了。田忌用上等马对齐威王的中等马，胜了第二场。田忌微微一笑。 第三场，田忌用中等马对齐威王的下等马，又胜了一场。田忌满意地笑了。 比赛结束了。田忌胜两场输一场，赢了齐威王。 小组交流：这段话描写的是谁的思维过程？你能展示其思维过程吗？ 小组派代表汇报，教师相机指导并小结。（出示多媒体） 田忌赛马 齐威王：上　中　下 田　忌：下　上　中——胜利 教师小结：学习课文《田忌赛马》时，可以了解孙膑制订计策的思维过程——孙膑先分析了当时赛马双方的具体情况，田忌的马同齐威王及贵族们的马脚力相差不多，而且都能分成上、中、下三等。于是，他想到可以通过合理安	学生自读。 小组交流。 全班交流	引导学生借助学过课文中的语句了解人物的思维过程，降低了教和学的难度。

续表

| | | 排马的出场顺序，即"下等马对上等马、上等马对中等马、中等马对下等马"的方法，取得三局两胜的结果，获得整体的胜利。由此，可以感受到孙膑高超的智慧。

正在这时候，船长从船舱里出来，手里拿着一支枪。他本来是想打海鸥的，看见儿子在桅杆顶端的横木上，就立刻瞄准儿子，喊道："向海里跳！快！不跳我就开枪了！"孩子心惊胆战，站在横木上摇摇晃晃的，没听明白他爸爸的话。船长又喊："向海里跳！不然我就开枪了！一！二！"刚喊出"三"，孩子纵身从横木上跳了下来。

小组交流：为救孩子，船长采用了怎样的方法？他为什么采用这样的方法？

小组派代表汇报，教师评议，相机小结：当时，横木上的孩子心惊胆战，如果让孩子往回走，再从桅杆上爬下来，孩子一紧张，很可能就会摔到硬邦邦的甲板上。让孩子跳进风平浪静的海里，反倒相对安全一些，毕竟水手们可以马上把他救起来。从常理来看，孩子肯定没有勇气跳进海里，只能用枪逼迫。在很短的时间里，船长果断地救下了孩子，真是机智过人。 | | |
| 二、学习"词句段运用【目标A1.A2，用时20分钟】" | 1.读一读，注意加点的字，说说你有什么发现。
（1）读一读，找规律。（出示多媒体）
吾盾之坚　坚固　　弗能应　　应答
道旁李　　道路　　溺而不返　返回
冀复得兔　重复　　守株待兔　守候 | | |

| | | ①读读上面的词语，注意加点的字，你有什么发现？
②小组交流，小组长整理并记录小组同学的发言。
③小组派代表汇报，教师相机小结：文言文中有些字的意思就是这个字组成的词语。
（2）练一练，学运用。（出示多媒体）

誉之曰　　　　吾矛之利
年九岁　　　　当极明邪
失汲道　　　　揠苗助长
狐假虎威　　　　至之市

①小组交流，小组长整理并记录小组同学的意见。
②小组派代表汇报发言，教师相机小结。
（出示多媒体）

誉之曰：赞誉　　　吾矛之利：锋利
年九岁：年龄　　　当极明邪：明亮
失汲道：迷失　　　揠苗助长：禾苗
狐假虎威：假借　　　至之市：集市

2.读一读，注意加点的部分，说一说自己类似的体验，再选择一种体验写一写。
（1）读一读，找规律。（出示多媒体）
①二十来个勇敢的水手已经跳进了大海：四十秒钟——大家已经觉得时间太长了。等孩子一浮上来，水手们就立刻抓住了他，把他救上了甲板。
a.小组交流：从加点部分你体会到什么？
b.小组派代表汇报，教师相机小结：四十秒钟，在平时看来的确不算长，可是，当孩子落入大海后，他随时都会有危险，每一秒对于大家来说都是煎熬。所以，大家觉得时间太长。这种感觉，突出了孩子处境的危险，也表现了人们对孩子的担心和不安。 | 小组交流，小组长整理并记录小组同学的意见。

小组派代表作汇报发言， | 引导学生通过小组交流解决问题，培养了学生与他人合作的习惯和能力。

教学时大胆放手，让学生自读自悟，充分调动了学生主体的积极性。 |

		②几十年，几百年，几千年，时间一转眼就过去了。成千上万只绿翅膀的苍蝇和八只脚的蜘蛛来了又去了。 a. 小组交流：从加点部分你体会到什么？ b. 小组派代表汇报，教师相机小结："几十年，几百年，几千年，时间一转眼就过去了"让人感受到时间既漫长，又过得很快。 （2）练一练，学运用。 ①小组交流：你有过这样的体验吗？说说当时的情况。 ②小组派代表汇报，教师相机小结。 3. 学习修改作文。 （1）谈话引导：材料《一张画像》节选自叶圣陶先生为一位中学生修改的作文。读完后，说说你对叶圣陶先生的修改有什么感受。 （2）学生自由阅读，可以在材料旁边写一写自己了解到的修改方法。 （3）小组交流，小组长整理并记录小组同学的发言。 （4）小组派代表汇报，教师评议，相机引导并小结。 ①把用词不准确的地方改准确。 a. 把"一张画像"改为"一幅画像"。 b. 把"书皮"改"课本的包书纸"更确切，因为书皮可以认为是书的封面。 c. 作文中写"我递给同桌小强看，还不停地给他讲着"，叶老将"不停"改为"悄悄"，这更符合当时正在上课的实际情况。 d. 作文中写"原来拿画的正是王老师"，叶老将"画"改为"几何课本"，因为王老师拿的是带有图画的课本，并不是一幅画。 ②把不通顺的句子改通顺。 a. "口里还不住地呐喊：'冲啊，向几何进军'"这个句子用词不准确，因为呐喊是大声喊叫、助威的意思，而画面是不可能有声音的，叶老改为"从口里还吐出来几个字"既符合画面的意思，又表达准确。	

| | | b. 作文中"像拧成了一股黑绳"比喻不当，言过其实，叶老将其删掉，并将前句改成"我看见他紧皱着眉头"，不仅文字简洁，也符合当时的实际情况。
③把长句断成短句。
如，把"那站在门口手里拿着大三角板和大圆规的王老师，就是我们的新班主任"改为"我们的新班主任王老师站在教室门口，手里拿着大三角板和大圆规"。这样把长句断成短句，不但表达得清楚明白，而且读起来朗朗上口。
④删去重复啰唆的词句。
a. "我越看他倒越像《新儿女英雄传》里的'黑老蔡'"一句有些啰唆，叶老删去多余的部分，改为"倒像《新儿女英雄传》里的'黑老蔡'"。
b. 把"谁知，看得正带劲，忽然背后伸出一只手把画给拿走了"改为"忽然背后伸出一只手把几何课本给拿走了"。删去重复啰唆的词语，句子简洁多了。
⑤增添一些词句，使表达的意思更清楚、更完整。
a. 叶老把"上课了"改为"上课铃一响"。因为"上课了"可以理解成刚上课或已经上课一段时间了，改为"上课铃一响"，意思就很清楚了。
b. "说完走回讲台前就又泰然自若地讲起课来"一句与上文衔接得不好，叶老改为"说完，就走上讲台又讲起课来"。这样与上文的衔接就比较紧密，意思表达得也比较准确、完整了。
⑥改正错别字和使用不当的标点符号。
a. 作文中"像开玩笑似的说"将"像"错写成"象"，叶老加以改正。
b. 标点符号方面的修改也比较多，如，"说不定还真是个复员军人呢"这句话末尾不能用叹号，叶老把它改为句号。再如，"然后鞠躬让大家坐下"中间要用逗号断开。 | |

		1. 小组讨论：古人对不同年龄的称谓有何由来？（板书：古人对不同年龄的称谓） 2. 小组进行汇报，全班交流。 （1）豆蔻年华：指女子十三四岁的年纪。语出唐代诗人杜牧的《赠别》诗。"豆蔻"，多年生草本植物，开淡黄色的花，比喻少女。"年华"，年岁。 （2）及笄：指女子年满十五岁。"笄"，束发用的簪子。古时女子满十五岁把头发绾起来，戴上簪子。 （3）弱冠：指男子二十岁左右的年纪。"弱冠"，古代男子二十岁行冠礼，表示已经成人，因为还没达到壮年，所以叫作弱冠，后来泛指男子二十岁左右的年纪。 （4）而立：指人三十岁。语出《论语·为政》："三十而立。""而立"，指年至三十，学有成就。后来用"而立"指人三十岁。 （5）不惑：指人四十岁。语出《论语·为政》："四十而不惑。""不惑"，指年至四十，能明辨是非而不受迷惑。后来用"不惑"指人四十岁。 （6）花甲：指人六十岁。 （7）古稀：指人七十岁。语出杜甫《曲江》诗："人生七十古来稀。" （8）期颐：指人一百岁。语出《礼记·曲礼上》："百年曰期，颐。""期颐"，指百岁高龄的人需要颐养。后来用"期颐"指人一百岁。	1. 学生自由阅读，理解意思。 2. 小组合作，拓展交流，小组长整理并记录小组同学的意见。 3. 小组派代表做汇报发言。	引导学生反复诵读探究，理解意思，受到启发。
	三、学习"日积月累"【目标A1.A2，用时10分钟】			
	板书设计	田忌赛马 齐威王：上　中　下 田　忌：下　上　中——胜利 冀复得兔（　　）　有过则改（　　） 掩耳盗铃（　　）　杞人忧天（　　）		
	教学反思			
备注				

附二：国家课程 II—综合实践活动（与劳动）课程方案

1. 综合实践活动（与劳动）课程纲要

课程名称	《中小学劳动教育课程教材 劳动六年级下册》		课程型	国家课程	
学校名称	临邑县德平镇白麟小学		使用教材	中小学劳动教育课程教材 ——山东科学技术出版社	
设计者	景学青　于艳明　吕艳丽　郭敬华　王兰英				
适用年级	六年级		班额	42人	总课时	18
课程简介（200字内）	本册教材根据《中共中央国务院关于全面加强新时代大中小学劳动教育的意见》和教育部引发的《大中小学劳动教育指导纲要》精神编写的。这套教材主要包括"学做炒菜""巧手编织""耕种学问大""填充布艺""我是皮影小传人""创意我能行"和"快劳动周"等七个板块。在这个世界里，学生将在老师的指导下学习简单的烹饪及手工编织等内容。劳技课的范围很广，为学生创结构造了广阔的天空，也为学生的基础劳动知识的学习奠定基础。				
背景分析（500字内）	德智体美劳，劳动教育并不是新名词。但随着学生课业负担加重，劳动教育一度淡出人们的视野。2019年以来，国家陆续出台相关文件，多次强调加强劳动教育。《中共中央国务院关于全面加强新时代大中小学劳动教育的意见》印发，将劳动素养纳入学生综合素质评价体系，并在劳动教育的时间上做了详细的规定，让劳动教育有了"硬指标"。 现如今，大多数学生在家都养成了饭来张口，衣来伸手的坏习惯。随着智能时代的到来，更多的学生对电子产品的依赖，导致离生活越来越远，动手能力越来越差，面对这种情况，对学生进行热爱劳动的教育，让学生掌握劳动技能和能力的培养迫在眉睫。 从具体操作层面看，劳动教育仍然存在不少难点。 1. 劳动教育实施过程存在安全性的问题。 2. 劳动教育的评价体系则是学校不得不面对的难题。 3. 如何将劳动教育科学合理地落实到课程中也是学校面临的难题。 只有社会家庭都要参与劳动教育中来，才能更好地在学生中弘扬劳动精神，教育引导学生崇尚劳动、尊重劳动，懂得劳动最光荣、劳动最伟大、劳动最美丽的道理。只有家庭、学校都积极行动起来，将劳动教育融入孩子的日常学习和生活中，长大后才能真正成为共和国的合格接班人。				

续表

课程目标	1. 学会一些简单的烹饪，掌握一项基本生活技能。 2. 注重生活中的技能学习，使学生掌握一些简单的劳动方法，学会生活自理。 3. 学会常见农作物的简单种植，学会使用一些基本的工具。 4. 了解布艺以及布艺在生活中的运用，感受布艺的美。 5. 了解皮影是我国传统民间艺术的一种，产生喜爱民间艺术的情感。 6. 形成动手操作能力，自立能力和耐心细致的高尚品质. 7. 养成对劳动生活的学习态度和兴趣，以及爱科学、科学创新的精神。				
学习主题/活动安排（请列出教学进度，包括日期、周次、内容、实施要求）	学习主题	内容	周次	日期	实施要求
	第一单元学做炒菜	1. 西红柿炒鸡蛋	第一周	3.3	1. 理论知识的传授要突出重点，注重知识，能力和情感之间的联系。 2. 重视学生思维能力的发展，发展他们的观察，思考，联想和想象能力，尤其要重视培养学生作品制作的创造能力。 3. 教学过程中要抓住学生的闪光点，多表扬，激发学生学习的兴趣 4. 劳动工具和材料的添置，尽可能考虑学校的经费承受能力，节省开支，又要减轻学生的负担.尽量进行废物利用，化害为利，变废为宝。
		2. 醋熘土豆丝	第二周	3.10	
		3. 芹菜炒肉	第三周	3.17	
	第二单元巧手编织	4. 绳编项链	第四周	3.24	
		2. 串珠五角星	第五周	3.31	
		3. 橡皮筋手链	第六周	4.7	
	第三单元耕种学问大	1. 整地	第七周	4.14	
		种花生	第八周	4.21	
		3. 种马铃薯	第九周	4.28	
	第四单元填充布艺	1. 五星香囊	第十周	5.12	
		2. 衬衣抱枕	第十一周	5.19	
		3. 动物布偶	第十二周	5.26	
	第五单元我是皮影小传人	1. 探秘皮影戏	第十三周	5.31	
		2. 皮影的制作	第十四周	6.2	
		我演皮影戏	第十五周	6.9	
	第六单元创意我能行	1. 创意回形针	第十六周	6.16	
		2. 多变扑克牌	第十七周	6.23	
		3. 有趣的保护装置	第十八周	6.30	
评价活动/成绩评定	奖励等级	认知	制作、完成	创新	奖品
	金星级	熟悉	能较好独立完成	能创造	绿星卡
	三星级	了解	能独立完成	有新意	努力卡2张
	二星级	了解不深	指导下完成	一般	努力卡1张
	一星级	不了解	指导下完成不好	缺乏	无
主要参考文献	《新课程标准》《劳动教学大纲》《大中小学劳动教育指导纲要》《中共中央国务院关于全面加强新时代大中小学劳动教育的意见》				
备注					

2. 单元教学方案

单元名称	第一单元	学科（领域）	劳动	单元总课时	3
单元名称	学做炒菜	班额	42	课程类型	活动课程
设计者	于艳明　景学青　王兰英　郭敬华　吕艳丽					
背景分析	炒菜是我们日常生活中经常使用的一种烹饪方法，许多的食材经过炒制，变得色香味俱全，一道道美味的炒菜，满含着家庭的温暖和亲人的爱。现在有很多学生的家长都去上班，不能及时给学生准备饭菜，所以学生不是去小饭桌就是吃剩菜，而六年级的学生经过以前的学习，虽然对家常菜的做法知识有所耳濡目染，但是认识不够全面和深刻。对家常菜的制作方法掌握不够熟练，实际动手能力还有待进一步的提高。为了进一步提高学生综合素质、综合能力，也让学生体会一下做家务的艰辛，根据学生学习情况，结合生活实际，教会学生学做炒菜不但能加强学生动手和自理能力，还能使学生在轻松愉快的气氛中得到知识，学会感恩。				
单元目标	1.知识与技能目标：通过做菜的基本工序，了解如何自己动手制作西红柿炒鸡蛋、醋熘土豆丝、芹菜炒肉等家常菜，根据不同才的烹饪方法，灵活运用所学知识。 2.过程与方法目标：通过自主探究小组合作探究等方法，掌握西红柿炒鸡蛋、醋熘土豆丝、芹菜炒肉的基本步骤与操作细节，认识到不同的菜有不同的操作方法。 3.情感态度价值观目标：在活动中培养学生讲究卫生和合理饮食的习惯，培养创新意识，提高自我服务能力。				
评价设计	1.引导学生从择菜、洗菜、炒菜的速度、卫生标准、菜的口味和小组合作的默契度等进行评价。 2.强调学生在教学过程中的主动参与，注重对学习过程的评价。关注学生个体差异，注重评价激励性、多元性、开放性，在自我评价的基础上，尽可能采取小组讨论交流的形式，鼓励同伴之间充分发表意见和建议。				
学与教活动设计	1.通过引导学生回想家长制作西红柿炒鸡蛋、醋熘土豆丝、芹菜炒肉等情景，启发学生思维、激发学生兴趣，增加教学的趣味性。 2.通过观看教学视频，带领学生完整体验家常炒菜的步骤流程，学习做菜程序、掌握做菜技巧。 3.在指导教师的监督带领下，通过学生亲自动手实践进一步熟悉炒菜过程，加强学生的深度思考、提高学生的动手实践能力。 4.通过小组内的交流与讨论，总结本课学习的成果，共享学习经验，同时体会家长劳动的不易，启发学生尊重劳动成果。				
备注					

3. 课时教学方案一

课时名称	西红柿炒鸡蛋
使用年级	六年级
设计者	景学青　于艳明　吕艳丽　郭敬华　王兰英
课时目标	1. 了解西红柿和鸡蛋的营养价值。 2. 掌握西红柿炒鸡蛋的基本步骤，学会做这道菜。 3. 在烹制的过程中培养学生形成爱劳动的素养。 4. 培养学生良好的劳动习惯和创新能力。
评价设计	1. 引导学生从西红柿炒鸡蛋的口感、色泽以及口味等方面进行评价。 2. 从生活实际引出新知，适时点拨引导，重视学生的自悟与发现，引导学生动口、动手、动脑，主动参与教学过程，激发学生的积极性。
学与教活动设计	一、劳动目标： 1. 了解西红柿和鸡蛋的营养价值。 2. 掌握西红柿炒鸡蛋的基本步骤，学会做这道菜。 3. 在烹制的过程中培养学生形成爱劳动的素养。 4. 培养学生良好的劳动习惯和创新能力。 二、劳动准备： 1. 课前让学生通过网络和请教父母，了解西红柿炒鸡蛋的做法。 2. 提前分组，以小组为单位，确定小组长，明确小组分工。各组汇报交流自己掌握的西红柿炒鸡蛋的方法和步骤。 3. 准备食材　西红2个，鸡蛋2个，食用油、葱末、盐、白糖适量。 三、教学重点： 学会制作鸡蛋炒西红柿，培养学生的创新能力。 四、教学难点： 炒菜时控制油温是本节课的难点，老师要给予指导和帮助。 五、劳动过程： 1. 导入 首先请学生说一说对西红柿炒鸡蛋的认识。西红柿炒鸡蛋，又名番茄炒蛋。是许多百姓家庭中一道普通的大众菜肴。它的烹调方法简单易学，营养搭配合理。在口感方面，它色泽鲜艳，口味宜人，爽口、开胃，深受大众喜爱。同学们，我们亲自动手做一道鸡蛋炒西红柿吧！

	2.制作过程 （1）西红柿洗净、去皮。 （2）西红柿切成块，鸡蛋打开放入碗中，打匀，放入少许的盐。 （3）锅内放入适量油，等油热了的时候，倒入鸡蛋液，等到这个鸡蛋液都凝固的时候，用饭铲（也叫炒勺）从鸡蛋的边缘轻轻进入，翻动划开成小块，炒好后盛出备用。 （4）锅底留少许油，倒入葱末爆炒后加入西红柿翻炒，加入适量的白糖，口感会更好。 （5）西红柿炒出汤汁后，倒入炒好的鸡蛋，翻炒均匀后，加入适量的盐。 （6）将炒好的西红柿炒蛋装盘。 3.评价分享： 西红柿做好了，请同学们互相品尝，从西红柿炒鸡蛋的色泽和口感来评价一下同学们的作品。 （1）你是如何制作西红柿炒鸡蛋的，有什么需要注意的？学生交流讨论，得出结论。 油的温度对于炒好鸡蛋很关键。若油温不高，鸡蛋就难以蓬松起来；若油温太高，鸡蛋就会糊。在炒鸡蛋的过程中，有时会出现鸡蛋表面产生很多泡泡、鸡蛋粘到锅底铲不起来等现象，这是为什么呢？ （2）同学们在烹制这道菜时，该注意哪些事呢？ 1.火炉周围温度较高，小心烫手。 2.用菜刀时，要小心不要划到手。 3.打鸡蛋时，筷子要张开一定角度，顺着一个方向搅打蛋液，使蛋黄和蛋液充分混合。 六、拓展创新 "百变"美味的西红柿 师：西红柿除了炒制，还可以怎么做呢？ 生：凉拌、榨汁、做西红柿酱、西红柿鸡蛋汤、西红柿打卤面…… 七、劳动感悟　总结提升 1."看花容易绣花难"，看似普通的西红柿炒鸡蛋，要炒的色、香、味、鲜俱全还真不是一件容易的事。从蛋液的搅打、西红柿的切块，到炒制过程中火红的掌握，都大有学问。在炒菜的过程中，你一定有许多收获和体会，与同学们交流一下。（适时进行爱劳动教育。） 2.回家后，做一盘香喷喷的番茄炒蛋，让爸爸妈妈品尝一下。（进行感恩教育） 板书设计： 西红柿炒鸡蛋 材料工具：鸡蛋2个　西红柿2个　葱末　盐　食用油　白糖 劳动是一切知识的源泉。——陶铸
备注	

4. 课时教学方案二

课时名称	醋熘土豆丝
使用年级	六
设计者	郭敬华　景学青　吕艳丽　王兰英　于艳明
课时目标	1. 让学生知道醋熘土豆丝的常识和过程。 2. 在实践操作中能独立学会醋熘土豆丝的方法。 3. 体验自己动手醋熘土豆丝的愉快心情。
评价设计	1. 从土豆丝的粗细评价一下同学们的刀工，从土豆丝的色泽和口感等来评价一下学生们的炒工，评价一下菜品装盘的造型。 2. 学生在劳动过程中小组合作的默契度、学生的参与度进行多元化的、开放性的评价。
学与教活动设计	第二课　醋熘土豆丝 **教学目标** 1. 让学生知道醋熘土豆丝的常识和过程。 2. 在实践操作中能独立学会醋熘土豆丝的方法。 3. 体验自己动手醋熘土豆丝的愉快心情。 **教学重难点** 重点：学会醋熘土豆丝加工过程，知道调料放入的恰当时间。 难点：切丝粗细均匀，烹饪后土豆丝甜酸适中，保持原色。 **教学准备：** 1. 材料准备： 老师上课前准备好所用材料，并把所用工具、食材分成三组。 2. 安全教育： （1）每组一把刀，不允许拿刀乱跑。 （2）每组在炒菜时，待锅干时，再放油，防止油溅。 （3）不允许用湿手拔插插头。 3. 卫生教育： （1）做食物前先洗手。 （2）做食物前，把食材清洗干净。 （3）结束前打扫卫生，每组搞好自己的卫生，操作台、灶台、水池干净如初。 **教学过程：** 一：谈话导入，观看视频，激发兴趣 我们这次就是用土豆做一道菜——醋熘土豆丝。回忆家长做醋熘土豆丝的过程，观看醋熘土豆丝的视频

续表

	二：学习切土豆丝
	1.讨论切丝过程。
	切土豆时把握不稳，把土豆四面切除一小块，使其变成方形的，便于切片和切丝。切土豆丝要求切丝粗细均匀，这个尺寸学生掌握起来可能有难度，但只要把土豆丝切成后，看上去细一点就可以了。把切好的土豆丝放在盛满水的碗里，待用。也可以让学生思考一下，为什么要把切好的土豆丝放在盛满水的碗里？（激发学生学习的热情）
	2.教师演示土豆丝的加工过程。
	3.小组合作加工土豆丝。
	三：学习炒土豆丝
	1.炒土豆丝（老师边演示边讲解）
	第一步：锅烧热后，加入少许食用油。
	第二步：等到油烧热后，放入葱末和姜丝爆香。
	第三步：加入青椒丝翻炒。
	第四步：倒入土豆丝翻炒至熟，随后依次加入适量的醋和盐，翻炒均匀。
	第五步：将土豆丝盛入盘中。
	2.小组合作，动手制作。教师指导。
	四、评价分享
	1.从土豆丝的粗细评价一下同学们的刀工。
	2.从土豆丝的色泽和口感等来评价一下学生们的炒工。
	3.评价一下菜品装盘的造型。
	五、拓展创新
	土豆是人们分析纯喜爱的一种食品，它的烹饪方法多种多样，如炸薯条、炖土豆，还可以做成土豆泥、土豆饼等。请选择其中一种烹饪方法再制作一道土豆美食吧！
	板书设计
	第二课　醋熘土豆丝
	准备材料：土豆2个，青椒一个，葱末、姜丝少许，食用油，醋，盐，锅，炒勺。
	制作步骤：（1）切丝　　（2）炒土豆丝
备注	

5. 课时教学方案三

课时名称	3. 芹菜炒肉
使用年级	六年级
设计者	王兰英　景学青　于艳明　吕艳丽　郭敬华
课时目标	知识目标：了解芹菜炒肉的具体方法，激发学生炒菜的兴趣。 能力目标：引导学生掌握芹菜炒肉的方法后，能够举一反三，也能推理和掌握其他青菜的炒法。 情感态度与价值观：通过学习炒肉，培养学生的动手操作能力以及爱劳动、爱生活的情结。
评价设计	1. 在学习炒菜的过程中，注意安全，不要烫着。 2. 在整个学习过程中学生的参与程度及其各个环节的表现。 3. 炒菜的成果从口感和色泽两方面进行评价。 4. 操作完成后，注意对厨房的清扫。
学与教活动设计	一、创设情境，激趣导入 师：同学们，大家认识这种蔬菜吗？（课件出示图片）对，它是芹菜。芹菜作为一种常见的蔬菜，可能有的同学喜欢吃，有的同学不是很喜欢吃，当你了解的芹菜的营养价值，你就会对芹菜刮目相看了。（课件出示芹菜的营养价值）芹菜富含蛋白质、碳水化合物、胡萝卜素，还有 B 族维生素、钙、磷、铁、钠等，芹菜中含铁量较高，对缺铁性贫血有很好的疗效。芹菜还可以辅助人体降血压、降血脂，还具有健脑镇静的作用。怎么样？了解了这些，你是不是对芹菜多了一些喜欢呢？这节课我们就来学习芹菜炒肉，这道菜食材简单、易于操作，但营养丰富，让我们一起来试试身手吧！ 二、引导探究，研讨做法 （一）技法探究 师：芹菜的食用部分主要是茎，炒菜之前，我们对芹菜要做怎样的处理呢？现在大家就在小组内交流一下吧。（学生小组内交流后汇报） 师：看来同学们在课前都进行了认真的观察，炒菜之前我们先要用部位主要是茎。炒之前，我们要学会芹菜的择、洗、切。（课件出示） 1. 择：去掉叶和腐烂部分。 2. 洗：分枝、去根，然后进行清洗。 3. 切：将芹菜茎切成 3 厘米左右的小段。如果选用西芹，西芹的茎较粗，应该先拍一下，然后切斜口。 师：炒菜之前，我们除了要处理芹菜，还要做哪些准备呢？（学生小组内交流后汇报） 师：同学们在炒菜方面经验还真的不少呢！看来大家在家给妈妈帮了不少忙吧？炒菜之前，我们还要学会切肉、切姜丝和葱花。（课件出示） 师：同学们知道切肉的时候要注意什么吗？（学生讨论） （课件出示小贴士）应顺着

	切肉丝时应顺着肉丝的纹理切，这样肉丝不容易碎掉。 师：同学们知道切姜丝和葱花有什么讲究吗？（学生讨论后发言） 师：同学们知道的真多！姜丝要先切片再切丝，切的片越薄，姜丝才能切的越细；葱花斜着切细片，切出来的形状也是丝。（课件出示） 师：有时候肉及葱姜切的形状也是有讲究的：如果蔬菜切成的是片，配料的形状也应该是片；而如果蔬菜切成的是丝，配料的形状也应该是丝。 （三）劳动实践 1. 探究材料工具 师：炒菜之前，我们除了要处理芹菜、切肉丝和葱、姜，我们还要做哪些准备呢？（学生小组内交流后汇报） 师：同学们想得真周到！还需要准备炒菜的锅、食盐、食用油、酱油（味极鲜、味达美）等。 2. 实践步骤（示范引领，学习制作方法） 师：下面看饭店的厨师露一手怎么样？大家边看边要注意总结芹菜炒肉的方法。（教师播放示范芹菜炒肉的微视频，学生观看。） 师：观看了视频，谁来说说芹菜炒肉的基本操作步骤有哪些？ （根据学生汇报板书：准备食材——倒油加热——炒姜丝、葱花——炒肉——倒入芹菜——加入调味品——装盘） 教师小结：这是炒家常菜的基本步骤，大家在炒菜时可根据需要选择用上这些步骤，比如你素炒时，就没有炒肉这个环节了，同时还要注意食物的营养搭配，这很重要呦！ 三. 拓展创新 芹菜的烹饪方法还有很多，你爸爸或妈妈还用什么方法做芹菜吃了？ （学生小组内交流后汇报） （课件出示）：芹菜切成丁，加胡萝卜丁，和煮熟的花生做成凉拌菜、凉拌芹菜叶、芹菜叶水饺，榨芹菜汁 教师小结：芹菜炒肉只是家常烹饪方法之一，再日常生活中芹菜还有更多的食用方法，除了同学们说的芹菜的制作方法和课件上的展示的方法，还可以加工和制作出很多种，让我们深入生活，继续探究吧。 五、课下实践 回家后，根据学习的芹菜炒肉的方法，为家人做一道菜，自己品尝后从口感和色泽方面做一下评价，也请家人做一下评价，把自己做的菜拍一张图片发到学习群里，比一比看看谁做的菜色香味俱全。
备注	世界卫生组织建议，食盐的每日摄入量应控制在 5 克以下；国内一些营养专家建议，我国人民食盐摄入量应控制在 10 克以下；一般人认为，一位体重为 70 千克的成年人，以每天摄入 6 ~ 10 克为宜。所以在炒菜的教学过程中，要注意引导学生少放食盐，从小培养学生注重健康饮食的意识。

第四章 教育教学

围绕办学理念开展教学活动的理念、原则、组织形式、方法、检测评价等。

对于如何围绕乡土文化课程教育办学理念，开展我们的教育教学活动，我们有着清醒的认识，那就是创造一种生活化的、真实性为基础的教育教学环境，以师生生命在场的生命连接为活动过程的对话与交流，创生生命共同成长的生命场。也就是以唤醒师生生命的主动生长、相互成就过程，创造基于科学学习的大教育环境，以未来的成长引领今天的努力。

一、实行基于课程标准贯通上下的教育教学理念体系

具体来说，就是我们的教学首先是立足于整体发展系统的顶层设计，将教育教学的起点、走向、趋势形成一体化的贯通。在这个方面，我们主要是打破了原来集体备课和教育教学的阶段性准备，实行各学段贯通的一体化集中备课模式。在每学年和学期开学前的集体备课中，我们打破了原来的以年级或者学段为主要组织形式的集体备课形式，而是以学科组为基本组织进行贯通备课。具体来说，就是我们在备课时，是将四个学段，甚至是将高中学段的学科课程标准进行贯穿研究和落实，形成基于达标意识的逆向共同备课。也就是说，我们的备课过程并非是局限于自己所教年级或学段的内容要求进行，而是首先将自己的教育教学放入一个大的学科系统，明确教学的起点在什么地方，指向什么样的发展方向，在这样的一个大系统中，我们所教

的年级或者学段需要做什么，达到什么样的标准。

比如，我们在语文教学的第二个学段，在集体备课的过程中，就要搞清楚，在第一个学段，学生在识字、写字、阅读、写作、口语交际、综合实践等方面，孩子应该学到什么程度，到底学到了什么程度。依据这样的一个应达标和实达标的真实状况，接续本学段的达标要求，设计教育教学预案。同时，在设计这样的预案的过程中，我们还要熟知第三、第四学段的相关要求，甚至是高中的语文课程标准，进行铺垫设计，形成课程标准指导下的顶层设计过程。通过这样的一种相互贯通的学科教学大系统共同体设计，避免了过去老师们只关注自己所教学段或年级，前不知起点、后不懂方向的单打独斗状态，实现了教师整体教育教学结构理念的提升和学生学习中的前后连接，引领学生形成了前后贯通、用所学原有知识分析思考解决新知识的良好思维习惯和问题解决能力。

通过这样的上下贯通、融合一致的学科研究和备课过程，也使老师们理解了课程标准由低到高、螺旋攀升的设计逻辑，强化了老师们研究学生生命成长规律和认知发展规律的兴趣和动力，实现了基于课标、关注学生、精准施教的教学设计，形成了师生生命共同在场的教育教学过程，教师乐教、学生乐学、低负高效，成为师生学校生活的新样态。

二、创立课间微教研模式，实现真实情境下的问题研讨模式

教育教学过程的优化，离不开常态化研究的开展。可以说，日常教研活动开展的质量，就决定着学校教育教学质量的高低。对于一所乡村学校来说，如何将教研活动成为老师们喜欢的工作，真正提升教育教学研究的实效与时效，形成面对真问题、进行真研究、形成真效果的真实研究过程，就成为我们面对师资薄弱、教科研能力不高、教育教学研究长期水平不高、效率较低的现实状况，而不得不考虑的问题。

我们在课间巡查时，有几次发现，有不少的老师喜欢在办公室将自己教

育教学中遇到的问题跟同办公室的老师吐槽，而大家一般都会对这样的问题评头论足，也有的老师会将同类型的事情讲出来，大家一起交流。这样的交流，一般都是大家都遇到过，或者是感兴趣的事情，而且大家交流时，也往往是发生时间较短，兴奋点较高。我们突然意识到，这样的讨论，如果进一步引导，应该可以成为老师们喜闻乐见又成效显著的微研究方式。

在经过多次的交流、征询，发现老师们其实并未将这种很随意的方式视为一种研究过程，而是当作一种闲聊。经过我们进一步引导，大家恍然大悟，明白了其实教育教学研究并非高不可攀，而是我们已经在不自觉地做着研究，而没有有意识地去记录和进一步思考，恰恰是这样的一些及时的交流讨论过程，形成了基于真实问题、真实情境的、解决问题的研究。所以，将这种日常的漫谈式交谈，形成及时的记录、梳理、反思，概括形成问题的解决过程和成效，就是一种可以随时开展得很好的日常教研过程。于是，我们的日常微教研模式"课间教研"就此诞生，并成为学校老师开展即时教研的常态，在课间便经常看到各个办公室，甚至是不同办公室之间，交谈、辩论、记录的微研究过程，许多曾经制约我们的教育教学过程的问题也迅速得到了解决。几年来，学校就此完成了100多项微研究课题，形成了卓有成效的教育教学效益。

三、组建区域联合教研共同体，形成横向教科研合力

对于同区域的乡村学校来说，基本上都面临着师资队伍老化、教师学历和专业结构不合教科研能力较弱、留守儿童比例过高、隔代教育占主体、家庭教育观念落后的困境。同时，由于历史发展现状和地域特点不同，以及学校发展进程中解决问题的思路和方法各异等因素，农村学校之间仍然各自具备了独有的文化和发展模式，对于其他同类型学校的发展有着互补的借鉴意义。在环境条件、师资状况、学生和家长群体无法改变的情况下，整合乡村区域教育资源，形成相互借鉴、优势互补，形成整体发展、抱团取暖的区域

教科研共同体，无疑是可行的教育发展路径。

在与我镇近邻的临邑县城北部四个乡镇多所小学负责人进行多次沟通交流基础上，我们联合县城北部五个乡镇，按照"自愿参加、共同协作、促进发展"的原则，组建了由我校在内的 7 所小学为核心，辐射县城北部 20 余所小学的"校级专研"临北共同体。共同体成立后，"校际专研"临北共同体在每学期初，要求各联盟学校衔接并制定工作计划，并报教体局教研室备案，原则上每学期安排 2-3 次集中活动。然后根据学期工作计划落实各项活动，每项活动前都要将活动方案及时通知各联盟学校，相关人员提前准备，按时参与活动。

在"校际专研"临北共同体组织的校教科研活动，主要以提高农村教师课程实施能力，促进乡村教师专业化发展为目标，以研究课程标准，教法学法为重点，以研究和解决农村教育教学和课改实施过程中所面临的各种问题为立足点，以课例、课题为主要载体，开展形式多样的研究活动。"校际专研"临北共同体特别注意科学安排时间，确保应参加的学校及师生全部、按时、全程参与活动。"校际专研"临北共同体活动形式新颖，内容丰富，务实高效，每次活动都有文字记录、图像记载，保存真实的原始资料。

"校际专研"临北共同体的活动模式主要有：

同课异构模式：各校同学科教师格局教学进度预约同一堂课，各自备课，在同一天进行磨课。活动方式：预约—本校备课—上课—评课—总结反思。

校际互访模式：为研究解决问题而向有关学校的教师发出邀请或访问请求。活动方式：预约提问—准备解答—课堂展示—集体探讨。

校际专研模式：对于各学校面临的相同、相似的问题，解决农村学校单独干力量不足，利用跨校的资源解决问题。活动方式：提问—准备解答—集体探讨—成果展示。

校际同行模式：同学科之间，资源共享，广泛交流，整体提升教师素质。活动方式：发起话题—即时解答—共同研讨—整理共享。

我们通过经常性的联合讲座、联合集体教研、公开课、同课异构、校级互访交流等形式，实现优质资源共享，打破了教育壁垒，达成了相互借鉴，共同发展，树立了大教育观念，形成了区域联合实践新格局，推动了乡镇教育间教育教学与管理融合，推进了县域教育整体发展。

"校级专研"临北共同体更好地加强了兄弟学校校际教学联谊交流，形成了"双减"背景下的学校管理及教育教学工作的新理念、新模式、新方法，为加强校际交流合作提供了新渠道，为教师的互学共勉搭建一个展示、学习和交流的平台，联盟学校共同探讨课堂教学的困惑，分享教学实践经验，实现农村学校校际教育资源共享，促进教师专业化成长，为学生全面、健康、快乐的成长服务，推动了各校各项工作跨越式发展。

"校际专研"临北共同体的7所学校充分发挥了自身的优质教育资源，综合协调，发挥整体优势功能，推动了各校的可持续发展。在实际的活动中，共同体学校本着求真务实的原则，将每一项联谊活动抓紧抓实，使各校的管理在沟通交流中更趋民主化、科学化；使各校的教师在互动中更趋专业型、研究型；使各校的教科研活动在互助中更趋针对性、实效性。做到彼此取长补短，分享经验与优势，实现互惠共赢的联谊目的。

"校际专研"临北共同体充分发挥了各校在教研教改中的示范培训和辐射作用，7所学校积极探索，积累经验，为各联谊校提供有效的支持与帮助；"校际专研"临北共同体重视各校长期以来形成的地域优势和教育专长，加强了校本研修的交流和合作，实现了优势互补，强强合作和教育资源共享，最终整体提高；各联盟学校的骨干教师结对子，共同探讨，同步提高，继而以点带面，实现了全员培训，共同提高；在活动中，她们尝试探索有利于学生主体发展的教学管理评价方法及标准，随着校际教研的逐步深入和推进，适时归纳总结出属于自己的教学模式。

这项工作的开展推动了我县北部五个乡镇小学教育的整体发展，各成员校的特色办学、教学质量、群众满意度都得到了大幅度提高，老师们的教育科研能力、合作共赢意识得到整体提高，取得了良好的教育效益，在2021年教师节前夕，《德州日报》教师节专刊专题报道了这项工作，也被作为教研工作案例推选参评"德州市教研工作优秀典型案例"。

四、创建生活化、实景化问题解决方式，实现跨学科、多元融合教育教学模式

在我们的教育教学活动中，我们倡导构建大教育环境，倡导建立生活化、实景化的学科教学和问题解决方式，建立了校内与校外、课内与课外相互映照、融合的跨学科、多元融合教学，避免了教死书、死教书的封闭课堂教学方式，以及死学、苦学的封闭式学习状态。

比如说，我们的道德与法治教学中关于对家乡了解的部分，我们就通过观看当地政府拍摄的宣传片，感受家乡的历史与现状。通过走出课堂实地考察德平的人文风貌、历史古迹、人物历史，系统探究德平的丰厚历史文化。通过与语文写作相联系的对家乡风情风貌的口语表达和文字描绘，通过美术元素的景色景物呈现，通过对地方传统民谣和秧歌戏的编唱，形成个性化的呈现过程，形成了学生喜闻乐见的学习过程，形成了孩子的道德认知到道德行为的渐进过程，改变了过去仅仅依靠教材和教参简单说教带来的知行不一、学用两张皮的现象。

再比如，我们把数学中的关于图形的周长、面积等几何问题，以及行程问题、分数与比例的问题和百分率的问题等等与生活息息相关的数学问题的解决，突破原来的仅仅依靠在教室里进行推演的解决办法，带领孩子走出课堂，与农耕文化课程和地方美食课程相结合，进行实地的操作与研究，还原研究的现场，让孩子自己亲自去测量、分析、计算和验证，形成生活化、情境化的学习体验过程，实现了学生对知识的加工过程，形成学生解决实际问题的思维深度，也锻炼了语言表达的能力，形成符合学科特点的数感，以及探究、解决问题的兴趣和能力。这种生活化的学习过程，得到了2021年4月19日到我校调研的，山东省师训干训中心党总支书记（时任山东省师训干训中心主任）毕诗文教授的高度认可。

主题教学案例一

生活创造美——小米窝头制作里的多元融合综合育人

法国著名雕塑艺术家罗素说:"生活中并不缺少美,而是缺少发现美的眼睛。",我们觉得,这句话可以再进一步延伸为:生活中到处都有美,我们的学校和老师要做的是引导孩子去生活中发现美、欣赏美、感受美,更重要的是引领孩子用自己的双手去创造美,用自己的心灵去体验美。我们的德平美食课程,就是基于这样的理念而结合我们的特色美食探究和制作过程,去生活中创造美、感受美、奉献美。其中,德平小米窝头的系列课程,就是将德育、智育、美育融合于学生的实践操作之中,实现多元融合的完整育人过程。

按照孩子的生命成长规律和认知规律,我们按照"了解——认识——实践——思考——创生——宣传"的体系布局,让孩子从调查德平小米窝头的历史开始,在生活中寻找德平美食小米窝头的踪迹,通过细细品尝体味小米窝头独特的香味,让孩子从感性上认识和体会生活的美好,找寻这种美食身后的历史典故与文化传承,形成进一步探究的兴趣。对于从小在相对富足的环境里长大、已经吃惯了各种美食佳肴的孩子来说,这样一个过程给了他们别样的饮食体验,让孩子在新奇的味蕾中开启一段对地方美食的寻觅之旅。接下来,孩子们通过了解小米窝头的广泛销路,对美食的影响形成更大的探究兴趣,并在放学后和节假日探访周边的小米窝头作坊,观察小米窝头的制作流程,记录劳动者用双手创造生活、创造美的过程,形成与小伙伴的交流互动,并用自己喜欢的方式展示探究活动的过程与感受,形成对于德平米窝头的整体感知,产生亲手一试的愿望,研究的过程也就水到渠成了。

在多次观察记录小米窝头的制作流程并记录熟悉之后,我们就把孩子们引入我们的乡村文化课程体验馆,开启了德平美食的亲手实践之旅。这样的过程仍然是按照"看——试——练——改"的模式展开的,开始的时间,是看小米窝头传承人调制米面、和面制作、尝试上手制作并发现制作中的困难,然后学着传承人的样子,边塑形边蘸水防止黏手,随着一次次实验,动作越来越熟练，造型越来越美观，成功的体验让孩子们进一步提高了兴趣。

塑形的过程，其实就是操作能力和雕塑艺术相谐发展的过程，也是孩子们克服困难、解决问题的过程。有了这样的成功体验的铺垫，我们开始不断地设置障碍，让孩子去体验解决问题的过程。通过让孩子观察记录蒸制的时间和产生的口感，孩子们懂得了如何控制火候。通过打乱米面和豆面的比例、替换不同的原料，让孩子们懂得了货真价实和合理调配的道理。在这样一个过程中，孩子们由开始的观察、记录，慢慢转向亲自计算、计量、调配，制作的过程已经转变为学科知识的综合运用和体验过程，也成为进入真实生活情境的体验过程。

在制作德平小米窝头的过程中，孩子们通过原材料配比计算、计量，学会了成本核算和诚信做人，尝试了不同原料、不同造型的创新创造乐趣。在此基础上，我们又通过录制制作全过程的视频，让孩子观察体会，感悟到了环境卫生和精细节约的道理，学会了整饬环境，及时收拾操作场地。学会创造，学会实践，学会生活，接下来就是学会推介，孩子们在制作过程中产生出的成功感和幸福感，推动他们将他们创造出来的产品形成宣传文案，录制成推介视频，进入德平小米窝头的传统作坊，推动了德平小米窝头的进一步畅销。而这样的过程同样也成为了孩子们生活化写作的过程，锻炼了孩子的语言表达能力和写作能力。我们的美食制作场地，已不仅仅是劳动实践的场所，更是成长成人的生命场，是孩子们活学活用学科知识、在生活中发现美和创造美的过程。五育并举、多元融合、跨学科学习、综合性实践就此发生，国家课程校本化顺势而为。

在德平小米窝头课程内容的开发过程中，丰满了孩子们的智商、情商，也完善了孩子们的品格和审美情趣，形成了孩子们在生活中发现美、寻找美、创造美、传播美的能力和意愿，德育生活化、学习生活化、成长多元化的教育由此而生。

主题教学案例二

实践产生美——农耕文化课程里的研学一体育人

"耕读传家"是自古以来我国名门望族坚守的一条原则，也是很多家族得以兴旺发达的重要原因。作为千年古镇，"耕读传家"也是德平人民长期崇尚的家风家训，曾经激励了一代代人为之努力奋斗。但是不容回避的是，随着现代化手段的不断提高，农耕文明的日渐衰落，曾经被奉为圭臬的这条原则，也逐渐淡化，甚至出现了大面积人员弃耕，而仅仅追求"读"，还是片面地以应对考试、取得分数为主要形式的读书上学方式，蕴含于"耕读传家"之中的为人处事道理和勤俭持家的品格，也随之飘散，而代之以追求安逸、不事农桑，甚至是投机取巧、无所事事。如何挖掘农耕文明中蕴含的民族精神、传承耕读文化中的精神内涵，让孩子们投身生活实践、认识周围世界，成为在生活中发现问题、分析问题、解决问题的有心人，成为我们作为乡村学校开发农耕文明课程资源的必然选择。

（一）认识老农具，探究农耕文明史

人类与其他动物的分野，是以能够制造和使用并不断改良劳动工具，从事农业劳动开始的。可以说，农具的变迁，就是农耕文明历史的变迁。认识老农具的更迭，就是重溯农耕文明发展的源流，寻找民族农耕精神的轨迹。因此，搜集老农具、认识老农具、分析老农具的功用、尝试使用老农具进行基本的劳作过程，就是从源头上寻找农耕文明的足迹，探究民族精神的传承过程。

为帮助孩子认识老农具，我们与德平镇富民农场董事长、全国人大代表魏德东创办的富民家庭农场形成紧密合作，共同搜集散落于村居的老农具，布设在社会实践基地，让孩子们现场观察、猜测这些老农具的名称、功用、使用方法，激发学生探究的兴趣，积极上网查询，形成研究氛围。以此为契机，引导孩子深入村居农户，寻找各类传统农具，在家长指导下认识和尝试使用，听家长讲农村劳动的场景和故事，感受我国劳动人民曾经经历的艰

辛和美好生活的来之不易，形成探究叙事或者乡村农耕故事进行集中展示交流。于是，各种农具的绘画、手抄报展示、使用文字说明等材料，丰富了孩子对农村、农具、农活的初步感性认识和对乡村劳动创造美的初步感受和探究兴趣。"锄禾日当午，汗滴禾下土。谁知盘中餐，粒粒皆辛苦。"之类的诗句，再也不是死记硬背进脑子里的死知识，而是应在脑子里的活生生的劳动场景。"晨兴理荒秽，戴月荷锄归。"，也不再是不可辨识的诗句，而是鲜明的形象。劳动与生活，劳动与文学，已然浑然一体。形象与意象，再也不会分离。

（二）节气与节令，人生有四季

节气有四时，人生有四季。节气与时令，是我国几千年农耕文化智慧的结晶，应时、应季，是农耕文明的重要准则。人生与生命都有着这样的循环，儿童少年时的生机盎然，青少年时期的蓬勃，正是需要将生命厚植于成长的沃土之中，积聚起生命向阳而生、向上生长的无限力量。于是，二十四节气与时令，便不再仅仅是关于气候、物种的时间对接，更是对于生命成长的晕染与启迪。

在社会实践基地的二十四节气长廊，孩子们浏览二十四节气的节令知识，了解二十四节气与农耕历史传承的关系，朗读关于节令的诗文，交流收集的节令谚语。在基地内的小型气象站，孩子们在清明踏青的同时，观察、记录、分析、描绘。在实践园，孩子们学习实践因时而动、因时而管、因时而收的快乐过程，也体验着"人误地一时，地误人一年。"的惋惜，体味出"人生惟少年，一日难再晨。"的惜时意义。在关爱生物、关爱生命中，孩子们的人生生命也在蓬勃生长。

（三）实践实验，将学科素养运化于劳动之中

德平镇富民农场，既是乡村种植合作组织，又是省级农业技术实验基地，与中国农科院和省农科院、山东农业大学形成了农业科技种植合作研究关系，成为山东农业大学教学实践基地，承担着"吨半粮"农业提升项目、玉米花生兼作实验和农作物品种展示、筛选实验。我们与富民农场合作，划分

不同的地块作为我们的学生种植实验区，进行融合化课程开发和研究。

在实践基地，孩子们通过观察和种植管理，认识了植物的多样性。在实践中，孩子们通过尝试取土测土分析，结合农作物习性进行配方施肥实践观察与记录，通过农作物兼作实验、农作物水肥对比实验，懂得了适宜的才是最好的道理。在实际的种植实践中，孩子们亲自测量面积、计算肥料配比、称量种子播种，结合称量小麦千粒重估算产量产值，撰写实践研究报告，活的生活唤醒了活的知识。在实践的过程中，数学、科学、环保、文字应用等相关知识交融互动，合作意识、科学精神、问题解决的兴趣和能力得到协调发展。

同时，通过听取农业专家结合农业科技发展中制约我国农业发展的种子产业发展短板，以及袁隆平等农业科学家所做出的不懈努力和意义，充分认识到了我国农业发展所面临的考验和风险，初步形成了粮食安全的意识，唤醒了孩子们保护环境、节约粮食的意识。

（四）感受现代农业，形成未来农业发展展望

时代在发展，科技在进步，农业生产的前景也必然会走向现代化，未来农业必然是高科技支撑下的科学种植与管理。德平富民农场作为具有代表性的示范实验区，已经初步具备了现代农业的相关元素，自动化配肥中心、现代化仓储模式、无人机喷洒防虫体系形成了初步的现代农业管理模式。

在富民农场实践基地，孩子们通过参观现代农业管理模式，亲自观察、操作现代农业管理系统，形成了对于农业未来发展前景的美好展望，创作出了可圈可点的电脑绘画、农业科技创新作文100余篇，形成了对科技改变生活、科技改变农业的渴望和信心。

主题教学案例三

艺体升华美——德平大秧歌课程里的全面育人

德平大秧歌是一种德平人民喜闻乐见的艺术形式，曾经长期活跃在人民群众之间。但是，随着青壮年劳动力的长期外出，以及其他外来文化的冲击，这种凝聚着德平人民精神，并最终被确立为"山东省非物质文化遗产"的民间艺术形式，也由长期的蓬勃生机，慢慢走向衰落，其中的花棍、秧歌调和高跷，已经濒临失传。

"鼓伞棍花丑，高跷看后首。"，德平大秧歌融合了多种艺术元素和多种阵式变化，又由于其不同于其他丰收秧歌类的产生来源，赋予其独特的文化色彩。德平大秧歌动静结合、节奏明快，需要身体的协调性和队伍的积极配合与谐趣，兼具了艺术与健美的综合元素。面对其日渐势衰、承继无力的现状，学校系统挖掘和创新传承便成为唯一可行的通途。我们在深度分析、认真思考的基础上，将德平大秧歌课程进行整建制开发，走出了艺体融合、创造美好教育生活的成功之路。

对于德平大秧歌课程，要想真正形成完整的实施路径，形成完整的系统，实现全领域、全程育人，必须结合于孩子生命成长规律和认知成长规律，建立以兴趣为引领、以实践为铺垫的坚实基础，才能够进而对其文化和综合育人形成真正的体悟与拓展。因此，我们在设置内容分布时，首先从孩子学练德平大秧歌开始，让孩子从低年级首先感受德平大秧歌的热烈气氛、欢快节奏、振奋精神，从心里喜欢上这项艺体特色，愿意投身于这样的演练队伍，让德平大秧歌成为课间操和大课间的主要集体活动项目，让孩子在运动和节奏中感受它的精彩魅力。

在充分感受德平大秧歌的无限魅力，愿意投身于这种精神振奋的活动的基础上，我们引领孩子从名称、从来历开始探寻德平大秧歌背后的历史文化，进而对各种阵图阵式的内涵和变化形成探究探访，通过深入村居寻找德平各个秧歌流派的特点和其中蕴含的文化，分析各种阵图阵式所代表的历史文化韵味。在此基础上，孩子们通过走访，还原德平大秧歌曾经的全元素表演形式和规模，并形成探究的过程性材料。

为使这项省级非物质文化遗产课程得以展示全貌，我们多次延请临邑县锣鼓协会的德平大秧歌传承艺人到校现场教学，外出寻访德平花棍流派传承人和仍然健在的德平秧歌调民间传唱人，及时记录资料、录制视频，进行认真研究和创新，使已经在村居濒临失传的花棍和德平秧歌调完整再现和创编，除高跷因场地和活动危险性较高尚在探索阶段外，实现了德平大秧歌相对基本健全的演练阵容。

恢复原来的规模和元素，仅仅是走出了完整的步骤，我们并没有就此止步，而是引领孩子们把研究的眼光进一步放大，将德平大秧歌与我国著名的四大秧歌流派——陕北秧歌、胶东秧歌、东北秧歌、冀东秧歌，以及与我们近邻的国家级非物质遗产——商河鼓子秧歌进行对照研究，提炼德平大秧歌的主要特点，进行进一步的创编与组合，形成更加鲜明的地域特色。

在德平大秧歌课程的开发中，我们还引领孩子到秧歌道具的制作现场进行参观，观察制作流程和要领，并在校内乡土文化课程建设体验馆进行简单的秧歌伞、秧歌花灯和秧歌花棍的制作，使这项课程实现了艺术与体育、艺术与健美、艺术与综合实践的多学科融合，让孩子在课程实施过程中感受健与美、节奏与色彩，形成敏捷的身手、协调的身姿、速度与力量的和谐统一，在运动中感受美好生活，在运动中增长智慧，在运动中形成合作，在运动中锻炼意志。德平大秧歌课程已经不是一项单纯的艺体运动，更像是一种生命张扬的成长历程。

主题教学案例四

生命成长美——德平技艺课程里的完整育人

怀特海在他的《教育的目的》中说："不能利用的知识是非常有害的。"，一切脱离生活实践的、靠死记硬背得来的知识，只能解决考试的问题，而难以帮助学生真正的成长。因此，让学生的学习与真实生活相连接，学习生活化，生活学习化，是确保学生形成真正的问题解决意识，实现解决实际问题能力提升的有效途径。我们的德平民间技艺课程的开发与实施，就是基于这样一种思路和理念推进的。

（一）纺织技艺文化项目

在二十世纪七八十年代，乡村的夜晚宁静而又繁忙，昏黑的煤油灯下，手摇的纺车抽伸出一轴轴均匀的棉线，脚踏的织布机穿梭出花样繁多的棉布。自黄道婆发明了织布技术开始，我们的祖祖辈辈就用这种传统的方式营造着家的温馨。可以说，传统的纺织织出的是农村的幸福和快乐，也织出了"孟母三迁"的"断机杼"故事。在艰难的岁月里，我们的国家领导人也曾亲摇纺车，创造出了"自力更生，艰苦奋斗"的革命精神。探索传统纺织技艺文化，就是在探寻我们的奋斗历程，是在探寻蕴含于传统纺织中的质朴精神，在寻找传统纺织记忆里的"经天纬地"，探寻传统纺织技艺里的平和心态与人生智慧。

1. 寻访，乡村里的纺织记忆

孩子去生活中去寻找、发现的过程，就是他们进行生命交往与体验的过程。为引领孩子形成对于我国传统纺织业的初步感知与兴趣，我们引导孩子去走访村居的老年人，寻访乡村记忆里硕果仅存的传统纺织工具，听老人讲过去岁月里进行传统纺织的故事，体会劳动的艰辛和美好生活的来之不易。孩子们在走访中认识了纺线车、织布机、就地取材的老线轴、刮线板、织布梭，听老人讲牛郎织女的美丽传说。这样的过程，充满了烟火气，充满了诗意和启迪。于是，孩子们便多了许多谈资和生花的妙笔，关于纺织的探访故事，成为孩子们的生活传奇。

2. 探寻，传统纺织的历程

对于我国的纺织业发展历史，孩子们在走访中已经有了初步认识，要了解更多的知识，孩子们经过讨论，决定去网上查询，搜集整理。接下来，小组分工，从最初的原始人服饰，到黄道婆传播纺织技术，以及苏绣、杭锦等等特色的传统技艺与改良，再到现代纺织业的出现和发展，以及自动化程度高度发展下的大规模生产，甚至放眼世界纺织业的飞速改进，一一做出了自己的整理和分析。眼界开阔了，思路也就打开了，孩子们神思飞扬，畅想未来的人类纺织技术，专题手抄报、电脑绘画、科幻文章，成为他们呈现探究成果的最好方式。

3. 体味，传统纺织里的智慧

走访，激发了孩子们的兴趣。搜寻，开阔了孩子们的视野。真正形成创造，还要将实现回归生活中的实践和体验。于是，带着一试究竟的乐趣，孩子们便进入了实景式的乡村文化课程实践体验馆，亲自体验一把传统纺织的流程与智慧。在这里，孩子们慢慢观察现场的棉絮、传统的手摇纺车、脚踏式织布机、实景式染布作坊，猜测、交流并验证操作的流程，研究的意识已经悄然产生。

仅仅停留在看和想的阶段，显然还达不到我们想要的目的。慢慢地，一些孩子开始忍不住上手尝试摇摇纺车。可是，线从哪来呢？难道是那挂棉絮？也没法拿啊？还得去访问村中的老人，去请他们来示范。于是，他们的老祖母、老外祖母就被孩子们拉进了我们的体验馆，现场操作示范，孩子们开始有样学样：搓线剂、引线头、摇纺车、抽棉线。一边试，还一边摇头晃脑哼着《军民大生产》的调子。可是，纺线的过程中，粗细不均，刚唱道："手摇着纺车吱咛咛咛，吱咛咛咛嗡嗡嗡嗡吱，纺线线呀么"，一不小心就把"嗬嗨"给断到引起的一阵哄笑里去了！看着这么简单的活，居然还满是学问！红着脸，忍着恼，沉住气，稳住神，心平气和，节奏均匀，哎！成了！还一不小心理解了什么是"匀速"！生活处处有智慧啊！

试完搓线、防线，怎么也得试一把织布啊！看着老奶奶戴上老花镜，自如地穿梭运行，如此简单潇洒，孩子们信心满满，自认为应该不难。一上机，还潇洒地做了个"奋斗"的手势。真一操作，看着小小的梭子，怎么就是不听使唤呢？四肢并用，竟也全乱了章程！不是忘了投梭，就是忘了踏板，明明看着要穿过去，却把梭子卡在了中间，稍一用力，梭子穿过去，线却断了！刚刚看完人家纺线的笑话，转眼就让别人看见了自己出丑！慢慢来，沉住气，先在脑子里把老奶奶的动作过几遍，一次次尝试，终于成功了！这样的经历，自然让孩子经历了生命的成长和感悟，再写自己的故事，一下子就下笔如有神了！试织的过程中，孩子们兴致勃勃地研究什么是"经线"、什么是"纬线"，发现我们的祖先竟然早就对地理的知识了然于胸，而且创造出如此色彩鲜艳、富有想象力的花样。于是，"经天纬地""日月如梭"这样的形象已经不再是需要刻意去记背的成语，而是活生生的形象了，平心静气、专心一致的体会带给孩子们的成功体验，便让他们多了许多向上的信心。

在漂染的环节里，孩子们猜想古人如何为丝线上色、不同的颜色搅在一起会产生什么样的颜色，然后去验证，去尝试不同比例的混合，发现更多的颜色，科学课上的知识，就这样形成了实战的成果，每实验出一种新的搭配成果，孩子们都欢呼雀跃，及时记录和展示。这是实践的场所，更是用双手创造美好生活的乐园。

4.感悟，传统纺织里的文化

在传统纺织课程的实践中，孩子们实践着创造的快乐，也寻找着传统纺织里的智慧与文化。就在这样的场景里，孩子们编演"断机杼"的情景剧，讲述黄道婆的功绩，演绎牛郎织女的美丽传说，

5.创造，成长生活的美好

熟悉了整套流程，接下来就是孩子们进行个性化创造与实验的过程。针对不同的传统纺织机械的功能与使用流程，孩子们不断探索改进，仿造出了简易的小型织布机和梭具，设计和制作不同比例和颜色的棉线，进行多种搭配和制作实验，翻新了手工棉布的品种，用自己的方法进行手工棉布产品推介。艺术与工艺，艺术与生活，艺术与美，就在这样的创造中形成了和谐的统一，语文与数学，艺术与科学，文学与幻想，陪伴着孩子们的快乐成长。

（二）传统榫卯技艺，开启 STEAM 课程实践模式

1.生活中的榫卯艺术

用自己的眼睛去发现和探索，是榫卯课程的引路工程。在课堂上，老师以故宫三大殿的雄浑姿态和雕梁画栋，开启孩子关于我国数千年榫卯结构作品的欣赏。然后，将孩子们的视线拉回到抵近的生活，把我们镇域的白麟书院硕果仅存的唯一一座讲堂历经风雨，而四梁八柱的巍然挺立未见丝毫动摇，才为后来的依托原貌整体修复提供了坚实基础的身边事实，形成孩子们

心底的波澜，牵动他们寻找生活中的榫卯艺术的兴趣。

兴趣是最好的老师，感受到了榫卯的魅力，去生活中寻找用榫卯技艺形成的成果，也就水到渠成了。孩子们以村居为单位，开始了从自己身边再到村居周边的探寻，发现、记录、观察身边的榫卯制品，听家中老人讲对于这些制品和现代类似器具使用的感受，其中的优劣已然了熟于胸。各种各样的榫卯制品图片展示，寻找榫卯制品的手抄报、探访日记，成为孩子们对榫卯初步认识的个性化展示过程。

2. 榫卯里的结构与美

学贵有疑，小小的榫卯，看似无奇的拼拼插插，为什么会形成如此精美牢固的功用呢？面对着形形色色的曾经充斥着我们的祖先生活中的榫卯艺术用品，孩子们开始观察、思考、分析和研究，开始琢磨其中的每一个细节，惊叹于尺寸的精准、制作的精细，以及最细微的"加楔"增固的智慧，深深感悟着我国传统的工匠精神。

3. 榫卯制作工具与使用

工欲善其事，必先利其器，如此精美、精密、精确的榫卯技艺，是靠什么制作出来的呢？进入乡村文化课程体验馆的榫卯技艺馆，孩子们面对父子、锤子等工具，以及在农村日常生活中也已经不常见的墨斗、木拐尺、刨子、凿子、钉锤等传统木匠工具，笔画、猜测、讨论，看老匠人一个个调试、使用，开始慢慢揣摩试用。可是，看起来如此简单的工具，居然就是不听使唤，要不是老师傅及时提醒，还险些伤到手指！一次次小心翼翼地尝试与练习，好容易工具听使唤了，做出来的东西却连自己看着都哭笑不得！就这样，一样样榫卯工具开始成为孩子们喜欢的创造工具，榫卯艺术体验馆也成为好很多孩子一有时间就想去创造的地方。

4. 榫卯里的科学与数学

接触时间长了，孩子们慢慢发现，其实榫卯技艺的制作可不是看起来仅仅需要心灵手巧那么简单，而是必须经过精心的构思和精确的计算，稍有差池，即会闹出笑话。他们发现小小的榫卯，居然需要运用数学、科学等多学科的知识才能完成，比如结构边长的测量、角度的选择、比例的计算、杠杆的应用等等，远非自己所想象的能动手就可以了，生活处处有学问啊！

5. 榫卯制品设计与制作

看明白了，道理懂了，工具会用了，接下来的日子里，孩子们开始了自己的实践过程。先从简单的小型桌凳的设计开始，画图、计算、量制、刨制、敲凿、试错、修改，一次次这样的过程，桌凳、小推车、平板车、帆船等等的模型越来越像样，有的孩子已经开始设计古典风格的楼宇模型，孩子们的作品也越来越精美，也越来越科学，生活中的 STEAM 成为孩子们的常态，学科学习与生活实践形成了有机融合。

第五章　教师队伍

如何让乡土文化课程教育办学理念落实到日常教育教学工作中，教师队伍作为支撑和保障，必须为破解教师队伍结构不合理、专业素养不高、教科研水平较低的难题，我们多措并举，为老师们搭建成长平台，组建学习型组织，形成合作共赢的战斗堡垒，提升了教师队伍整体素养。

一、示范引领，形成榜样力量

学校党的组织建设是学校工作的重要核心，是确保党的教育方针全面落实的重要保障，也是确保学校政治思想建设和战斗力的基础和核心。可以说，一个支部就代表着一面旗帜，一名党员就该是一个先锋。在教师队伍建设中，我们始终坚持党的建设不动摇，坚持党员先锋标杆化，以强化党组织建设为突破口，设立"党员示范岗"和"党员先锋岗"，以党的建设和党员示范为主抓手，形成了榜样引领。

在学校工作中，我们充分发挥党组织凝聚力和向心力，为党员教师设立"党员示范岗""党员先锋岗"标牌，并将学校中的急难险重任务优先交由党员完成，形成岗位示范。比如说，抗疫防疫志愿者的选派、教师青蓝工程、教师教研活动、教师包安全工作和防溺水专题讲座等等活动，都是我们的党员教师冲在前头、做在重处，有力地形成了示范引领，形成了现实榜样。

二、对接高端平台，开阔教师眼界

针对缺乏成长平台的问题，我们在经过多次座谈调研的基础上，选择了杭州师范大学组织的"千课万人"高端培训平台，每学期选派骨干教师进行跟进式学习。为了让老师们感受真现场、学到真本领，我们多次选派骨干教师赴济南、青岛、烟台等地参加专题培训，选派骨干教师到青岛西海岸新区双语小学、烟台市芝罘区潇翔小学、乐陵市实验小学等齐鲁名校长任校长的学校进行浸入式全流程跟岗，选派部分骨干到我县部分优秀学校全程跟岗。

我们还多次邀请教育部劳动与综合实践专家指导委员会核心专家、山东省教育科学研究院王秀玲主任、山东省基础教育研究中心徐洁主任、烟台市芝罘区潇翔小学曹瑞敏校长、乐陵市实验小学教育集团李升勇校长等知名专家校长到校指导。承办了山东省第三期齐鲁名校长培养工程人选届中考核暨线下培训和临邑县中小学校长全员培训，齐鲁师范学院副校长刘德增教授、山东省师训干训中心主任毕诗文教授、山东师范大学教育学部部长徐继存教授、教育部领航校长班导师、首期山东省齐鲁名校长、青岛市西海岸新区双语小学教育集团总校长杨世臣校长、乐陵市教育集团总校长李升勇校长、教育部领航校长班校长、山西省实验小学教育集团贾嵘校长、历城二中教育集团义轩小学范勇校长等专家校长和山东省第三期齐鲁名校长培养工程人选小学三组名校长及其团队、"李升勇齐鲁名校长工作室"成员校校长和骨干教师，以及全县义务教育学校校长、业务副校长全程参与现场考察调研，让老师们现场聆听来自省内外的著名专家校长现场考察和指导，让老师们切身感受到了成长的希望和可能。

为了整体提升教师专业素养，我们倡导终身学习的理念，并引领学校近30名教师申请加入了朱永新教师创办的新教育实验旗下的新网师学习中心，按照自己的实际和真实需求选择适合自己的课程，进行系统的教育学、心理学、教育哲学、学习科学、教育技术等系统专业学习，形成了面向外面世界、面向教育未来的成长进程。

三、捆绑评价，形成团队意识

时代的发展，呼唤合作的文化，教育的未来，更是要培养具有合作意识和能力的一代新人。但是，我们在调研中发现，由于长期的依靠考试分数排名形成的不良竞争，班级与班级之间、教师与教师之间形成了坚硬的壁垒，呈现出封闭的教育教学环境，相互排斥、高度防范、封闭保守，成为老师们表面平和下的恶行竞争，形成了一触即发的紧张关系。我们深深地认识到，要打破这种封闭、对立、倾轧心态的壁垒，必须改变长期形成的单纯以学科分数排名的怪圈，建立以师生生命成长为方向的共同发展模式，推动良性评价改革。

为了打破老师们各自为战的无序竞争，我们改变长期以分数评价、以竞争排名为主的评价方式，代之以年级捆绑、班级捆绑、学科捆绑、青蓝捆绑的多形式评价方式，形成了以达标评价为主的学科评价方式和以成长为过程的综合评价，打破了相互隔阂的竞争，形成了合作共赢的学习成长共同体。在合作共赢的学校文化支撑下，人人成长、共同进步的教育风气已经初步形成。

四、教育实践，形成课程能力

为打破教师教育科研的困顿局面，我们选择了以教师所熟悉的地域乡土文化课程构建为突破口的实践研究，让老师们通过高起点、小切口的教育研究实践，突破畏难情绪，形成了课程意识，实现了课程构建研究能力的提高和教科研水平的整体提升。

五、关爱激励，凝聚团队向心力

一是建立了教师荣退仪式制度。对于在教师岗位上兢兢业业、无私奉献的老教师，学校组织简约而隆重的荣退仪式，让老师们为自己的工作感到自豪与骄傲，对教育形成归属感。

二是争取镇党委政府支持，协调社会力量，每年教师节前夕表彰奖励优秀教师，提升教师荣誉感。近几年来，德平镇党委政府先后筹措资金 10 余万元，表彰奖励"德平镇最美教师""德平镇优秀教育工作者"200 余人次，大大提升了教师荣誉感和使命感，提振了学校教育士气。

三是经常性组织教师文体活动。组织教师节、元旦、春节等重大节点的教师座谈会、文体活动，凝聚了教师向心力。

四是建立育龄教师关爱机制。在充分调研基础上，回应二胎放开后，女教师育儿与工作不能兼顾的困难，创建"爱心育婴室"，设置儿童床、玩教具等在内的专门办公室，形成育龄女教师抱团取暖互助育儿方式，温暖了教师家庭，稳定了教师队伍，凝聚了人心人气。

6. 创建教研共同体，构建联合成长新机制

在县教体局的支持指导下，我们联合临邑县北部五个乡镇 7 所小学，成立区域教育发展共同体"校级专研临北共同体"，通过联合讲座、联合集体教研、公开课、同课异构、校级互访交流等形式，为教师专业成长打造平台，实现优质资源共享，推动了乡镇教育间教育教学与管理融合。这项工作在 2021 年教师节前夕被《德州日报》教师节专刊专题报道，作为教研工作案例推选参评"德州市教研工作优秀典型案例"。

附："校级专研"临北共同体章程

"校际专研"临北共同体章程

第一条　组织名称

"校际专研"临北共同体

第二条　组织成员

联盟学校为德平镇中心小学（白麟小学）、理合务中心小学、翟家镇实验小学、宿安中心小学、林子中心小学、德平郭湾小学、林子匡五小学七所

小学为核心，辐射德平、翟家、理合、林子、宿安五个乡镇20余所小学。

第三条 组织性质

本组织是在临邑县教育局、教研室指导下，各参与成员单位相互配合共同参与的非营利性学校教育教学研究共同体，本组织定期组织联盟学校进行活动，每次确定一个教学专题进行研究和讨论。

第四条 指导思想

遵照宪法、法律、法规，按教育规律办事。在"自愿参加、共同协作、促进发展"的宗旨下，更好地加强兄弟学校校际教学联谊交流，研讨新课程背景下的学校管理及教育教学工作的新理念、新模式、新方法，为加强校际交流合作渠道，为教师的互学共勉搭建一个展示、学习和交流的平台，共同探讨课堂教学的困惑，分享教学实践经验，实现农村学校校际的的教育资源共享，促进教师专业化成长，为学生全面、健康、快乐的成长服务，推动各校各项工作跨越式发展。

第五条 活动宗旨

各联谊学校要充分发挥自身的优质教育资源，综合协调，发挥整体优势功能，借以推动各校的可持续发展。要本着求真务实的原则，将每一项联谊活动抓紧抓实，使各校的管理在沟通交流中更趋民主化、科学化；使各校的教师在互动中更趋专业型、研究型；使各校的教科研活动在互助中更趋针对性、实效性。做到彼此取长补短，分享经验与优势，实现互惠共赢的联谊目的。

第六条 活动目标

充分发挥各校在教研教改中的示范培训和辐射作用，积极探索，积累经验，为各联谊校提供有效的支持与帮助；重视各校长期以来形成的地域优势和教育专长，加强校本研修的交流和合作，实现优势互补，强强合作，教育资源共享，整体提高；骨干教师结对子，共同探讨，同步提高，继而以点带面，实现全员培训，共同提高；尝试探索有利于学生主体发展的教学管理评价方法及标准，随着校际教研的逐步深入和推进，适时归纳总结出属于自己的教学模式。

第七条　活动要求

1.每学期初各联盟学校衔接并制定工作计划，并报教育局教研室备案，原则上每学期安排3-4次集中活动；

2.根据学期工作计划落实各项活动，每项活动前都要将活动方案及时通知各联盟学校，尽量使相关人员参与活动，活动承办学校要负责准备活动所需场地、设施等，做好后勤保障、宣传报道工作。

3.各学校教科研活动要以提高教师课程实施能力，促进教师专业化发展为目标，以研究课程标准，教法学法为重点，以研究和解决教育教学和课改实施过程中所面临的各种问题为立足点，以课例、课题为主要载体，开展形式多样的研究活动。要注意科学安排时间，确保应参加的学校及师生全部、按时、全程参与活动；

4."校际专研"共同体活动力争形式新颖，内容丰富，务实高效，每次活动要有文字记录、图像记载，保存真实的原始资料。

第八条　活动模式

同课异构模式：各校同学科教师格局教学进度预约同一堂课，各自备课，在同一天进行磨课。活动方式：预约—本校备课—上课——评课—总结反思。

校际互访模式：为研究解决问题而向有关学校的教师发出邀请或访问请求。活动方式：预约提问—准备解答—课堂展示—集体探讨。

校际专研模式：从面临相同、相似的问题，单独干力量不足，需要跨校的资源支持。活动方式：提问—准备解答—集体探讨—成果展示。

校际同行模式：同学科之间，资源共享，广泛交流，整体提升教师素质。活动方式：发起话题—即时解答—共同研讨—整理共享。

联动统测模式：联盟学校统一出题，统一阅卷，督促教师进一步熟悉把握教材和大纲，以更好地提高教育教学质量。

第九条　机构设置

"校际专研"临北共同体设置秘书处和协调委员会。执行秘书长由承办学校校长担任，秘书长每乡镇一名，负责前期策划、会务组织、会务服务、效果评估等工作。五个乡镇教育联区统一设置协调委员会，执行主任由承办学校所在教育联区业务副主任担任，负责后勤保障、新闻报道、联系各教育联区。秘书长和协调委员会成员如有工作变动，由所在联区推选相应人员替补。

第十条 活动的交通、食宿费用由各联谊学校自理。

第十一条 本章程一经通过即付诸实施，各校需按本章程做好各项工作。

本章程解释权归"校际专研"临北共同体。

第六章　学校管理

　　基于"家乡味，乡土情，志天下，厚乡里"的乡土文化教育办学理念，以"建一所有文化、有温度、有灵魂、有信仰、具有乡土气息的高质量乡村学校"为发展目标和"让每一个人成为更好的自己"的校训为核心，我们坚持立足人的全面发展进行办学，形成了党委政府高度支持、相关部门积极配合、全体师生员工全力投入、社会各界齐抓共管的教育合力，走出了一条民主管理、科学决策、务求实效的乡村教育高质量发展的办学之路。形成了办学理念统领下的管理体制、制度、原则和评价体系，铸就了共同愿景指引下的学校高质量发展进程。

一、民主化管理，参与式决策

　　关于个人与集体的关系及其所带来的后果，《伏尔泰语录》如此进行表述："雪崩来临的时候，没有一片雪花觉得自己是有责任的。"，而事实上是，雪崩的过程绝不是单一的因素所形成，造成最终雪崩后果的，恰恰是雪崩来临前的所有雪花共同的作用。所以，后来有人将这个句子延伸为"雪崩来临的时候，没有一片雪花是无辜的。"雪崩这样的自然现象如此，一个学校的管理亦是如此。在学校的管理系统中，每一个人都是影响着这个管理过程的必然因素。也可以说，没有大家真正基于对自己所从事的事业的深度觉醒，没有全员生命参与的教育教学管理过程，就很难形成有生命力的学校文化，落实学校的办学理念也就会成为一句口号式的空话。因此，以学校办学理念为引领，唤醒师生员工的主体仪式，共同创建学校发展共同愿景，形成全员参与、共同发展的学校民主管理体制，便是一个学校能否高质量发展的关键。

经过多次推心置腹的座谈与调研，我们充分认识到，长期以来的沟通不足，导致了很多正确的决策并没有真正发挥出应有的效应。当绝大部分师生员工仅仅将自己作为一个制度和任务的被动执行者，而不是学校有机的一分子和共同建设者、管理者的时候，学校就会缺乏凝聚力和向心力，失去前行的共同动力，疲于应付、佛性躺平就会成为常态。要解决这样的问题，就必须充分信任师生员工，真诚对待每一位师生员工，真正从一点一滴中体现对大家真正的尊重与期待，民主决策、自主管理就必然会成为正确的选择。

（一）健全群众组织，建立民主管理机制

为实现全员参与的教育教学管理过程，我们成立了学校教职工代表大会制度，按照年龄、学段、岗位等多元素分布情况，讨论形成了教代会人员构成比例及议事原则，并进而将关系学校发展的重大决策和关系老师们切身利益的职称评聘、评先树优等热点难点问题，纳入常规化议事制度。同时，通过设置意见箱、建立每月恳谈制度、推动代表意见督办督察机制，畅通信息及时反馈通道，使学校决策、岗位管理、工作推进置于全员参与、民主监督之下，保障了决策的科学性和公正性，推动了基于公开透明原则下的全原参与管理机制。近几年来，教职员工围绕学校管理、制度建设、环境创建、课程建设等学校管理工作提出合理化建议50余项，推出了"爱心育婴室"、"未来小农场""教师荣退仪式""课间微教研""温馨留守室"等切实推动学校发展的改进举措，形成了强大的向心力和凝聚力，被市县主流媒体宣传报道。

除了教职员工的全员参与管理机制建设外，我们同时推动了以少先队建设为核心的学生自主管理体制，通过健全少先队组织、建立少代会制度，将学校发展建设同时辐射至所有学生。自进入学校第一天开始，我们便结合我校开展的乡土文化课程教育理念，通过入学课程和"开笔礼"等活动，倡导"进入白麟门，即时白麟人。白麟是我家，我是小主人。"的主人翁理念，引

领学生主动融入学校生活和活动，主动承担维护学校整体发展的角色任务，并通过班级团建、文化创建，实现稳步的完整成长意识，形成"我为人人，人人为我。"的团队凝聚力量。

（二）健全管理体系，形成科学决策过程

对于学校管理中的重大任务和决策，我们实行了研讨式议事制度，将关系学校发展的重大举措和关系老师们切身利益的重大决策，全部进行反复推演、讨论、反馈和修订。比如说我们的职称评聘制度和考核制度的制订过程，是首先由教代会充分征求每一个老师意见，根据梳理汇总情况，按照德能勤绩廉各个要素将这些问题和意见进行归类整理，然后由教代会根据实际工作情况进行比例比重赋分，形成草案交由党总支讨论审核，形成讨论稿提交校长办公会进一步讨论完善。在此基础上，我们将讨论稿返回每一名教师继续进行充分讨论，提出修改意见，交由教代会根据老师们反映问题的代表性高低，进行进一步修改，形成初稿。初稿形成后，再次返回每位教师手中进行讨论，征求意见并针对代表性再度修改形成审议稿，提交教职工代表大会，逐条进行解释并表决，形成试行稿试行一年。实行一年后，再次进行全员讨论，征求意见，修订提交教代会审议表决，形成修订执行稿，作为相对稳定的制度进行执行。如需进行再次修改，则需要三分之一以上的教职工或者一半以上的教代会代表联名提出，方可进行讨论修订。学校的所有管理制度都进行了这样的多轮讨论和确立，确保了制度的稳定性和连贯性，成为全体教职员工工作的准则和保障。

（三）健全关爱机制，锻造积极向上文化

1. 争取政府和社会支持，营造积极向上的教师文化

为充分调动大家干事创业的积极性，刘天庆在不断深入教职工进行调研谈心的基础上，深深感到老师们内心渴望被看见、被认可的愿望，并与当地党委政府和相关企业的进行了多次交流沟通，寻求当地党委政府和有教育情

怀的企业家的支持，建立了"教育奖励基金"，每年教师节前夕对为本镇域做出突出贡献的优秀教师和管理干部举行隆重的表彰和宣传，鼓舞了教师队伍士气，凝聚了教育发展合力，在老师们中形成了"敬业奉献光荣，贻误学生可耻"的良性教师文化。

2. 关注教师需求，创建互助共进的家文化

国家的二胎政策放开后，对于女教师占绝对比例的学校来说，是一个巨大的挑战，一方面要全面完成教育教学任务，一方面是年轻教师结婚生子育儿压力和中青年教师二胎生育养育高频度重叠，造成了教师工作与育儿难以兼顾、学校正常教学秩序与教职工高频度请假产生矛盾的艰难局面，而且，对于远离县城居住地的德平镇域学校来说，更是难以按照国家规定严格执行教师哺乳时间，学校管理矛盾一触即发。

针对女教师集中生育与学校教育教学活动严重冲突，女教师难以正常兼顾工作与育儿的困境，刘天庆带领学校班子多次与相关教师交流沟通，并将该项工作提交党组织会议和学校办公会讨论，决定在德平镇中心小学（白麟小学）设立"爱心育婴室"，将育龄女教师办公室集中设置，按照儿童养护设施标准，购置了儿童床、室内中小型玩具等适合婴幼儿生活和玩耍的区域和设施，同时将育龄女教师办公设施用品同室设置。女教师之间形成《养护互助共约》，并在学校教务处的协助下，将相互课堂教学时间适当进行调整，实现了育儿女教师错峰上课，相互看护孩子的"抱团取暖"，解决了因育儿与工作冲突带来的家庭矛盾和社会问题，稳定了教师队伍，和谐了学校管理，维护了社会稳定，成为德州市教师队伍管理的典型做法。

3. 搭建成长平台，助力教师成长

教师倦怠，是学校经常遇到的问题，其背后原因除了体制机制的问题外，还有教师缺乏自主成长和自主管理意识，或者看不见努力的方向和平台。从这个意义上说，对于教师的真正关心和关爱，不仅仅是要关注教师的生活需求，关心教师的工作动态，更重要的是让老师们的努力被看见，更要让老师们能够看到努力的方向和平台，为老师们享受突破自己、见证成长的成功体

验，帮助老师走出舒适区，活出幸福感。因此，刘天庆和他的团队不断筛选教师发展的平台，根据老师们的成长需求，对接省市教科院等专业研究团队，对接"新教育网师学院"（新网师学习中心）、"千课万人""本真教育"等高端培训资源，对接省内外名校等丰富教育资源，大幅度开展系列化研究指导、高端针对性系列培训，全方位开展跟岗交流，让大家看到榜样的力量，让大家学到真实的本领，让大家在专业交往中反思、实践和提升，在不断成长中振奋精神和勇气，在不断成功中体验幸福完整的教育生活，活出了姿态，活出了自信。

二、生活化运转，互助式运行

为实现学校整体理念贯通，真正激发主人翁精神，形成自主管理与集体推动相结合的管理效能，我们对学校各项工作的落实做到了生活化运转，互助式运行，也就是建设了我们基于"让每个人成为更好的自己"理念下的"人人岗"管理体系。

所谓"人人岗"，即是将学校定位为师生共同生命成长的学习型社区，每个人的存在都是基于自身的完整生命成长，又是以自己的生命成长，形成对他人生命成长环境的支撑和保障。这种管理制度和体系的产生源起于对乐陵市实验小学教育集团的"网格化"管理策略，以及山西省实验小学教育集团贾嵘校长到校调研指导时提出的基本建议带给我们的对学校管理提升的思考和行动。"人人岗"，即时基于对学校里每一个人的信任与鼓励，基于学校里每一个人都是学校建设、管理和发展的主人这样一个基本的信念，激发每个人的主人翁意识，形成主动参与管理、主动规划管理、主动承担管理、主动促进管理的岗位管理机制。

在实际的操作过程中，我们通过学校管理讨论大会，征集大家对于学校管理需要解决的所有问题，分类形成若干子问题，参照社会分工体系，形成不同的管理岗位，讨论形成不同的岗位公约，发布岗位招聘公告，签订岗位工作承诺，落实岗位监督职责与程序，实现人人有事做，事事有人做，人人守责任，事事保质量。经过这样的管理过程，学校管理不再仅仅是校长和校委会的事情，而是成为学校里每一个人的事情，校长和校委会成员也不仅仅是管理者，也是同时被置于大家监督管理下的执行者，"人人为我，我为人人"，由口号变为了行动，"让每一个人成为更好的自己"，也成为学校和谐发展的美丽音符。

同时，我们打破了原来长期大一统的由学校进行统一安排管理的教育、教学和管理体制，实行各岗位竞聘上岗和双向选择选岗聘岗制度，老师们由原来的有问题找领导，转换为出现问题找标准、找差距，形成了教师间的良性竞争氛围，使"事事有人做"和"人人有事做"形成了和谐统一。

三、联合式办学，整体式发展

教育是一项综合性工程，需要良好的教育大环境支持，才能形成上下一心、协同配合、齐抓共管、良性发展的健康发展。近年来，我们非常重视形成学校发展的社会支持，积极形成与当地党委政府、上级教育主管部门和学校驻地各部门间的共同协调与支持配合，形成了党委政府高度支持、相关部门密切配合、兄弟单位协调发展的教育合力，有力地推动了学校教育的快速发展。

（一）争取政府支持，形成育人格局

2016 年，德平镇启动义务教育均衡化迎验建设工作。针对德平镇中心小学原址环境相对较偏、规模不足、交通不便利的现状，时任德平镇党委书记张洪东同志高屋建瓴，在德平镇党政联席会议提出易址高标准新建德平镇中心小学的意见，并得到了与会领导班子成员的一致赞同。

2017 年，新德平镇中心小学建成，经过我们讨论研究，并提请党委政府和教育主管部门批准，根据学校历史沿革，决定将德平镇中心小学恢复校名为"白麟小学"，并在时任党委书记张洪东、镇长张万里同志的协调下，由年逾八旬的白麟小学老校友、德平籍著名书画家王占山先生亲自题写校名，并监督制作。同时，邀请德平籍军旅作曲人徐辉先生为刘天庆校长撰写的校歌进行谱曲，并录制高品质的音频，在学校进行播放和学唱，形成了办学历史上的有效衔接。

作为一所地处偏远乡村的小学，如何建设成为有特色、有文化、有温度的温馨家园，让孩子们学得开心，让老师教得安心，让家长和社会放心，面对全新的学校校园，学校一班人再次陷入了深思。刘天庆校长在多次组织学校班子和师生员工进行充分讨论和构想的基础上，在时任党委政府分管教育的负责人、德平镇党委委员张峰同志配合下，与德平镇党委政府主要负责同志和分管城管城建的党委副书记高希辉同志进行了充分的沟通，高标准打造了校外接送区域和校内绿化，打造了良好的校园环境。

针对地处偏远，无集中供暖暖源的现状，如何实现师生在校期间的取暖降温，成为又一项考验学校和地方党委政府智慧的难题。经过充分考察调研，德平镇党委政府决定采用空气源热泵冷暖中央空调集中采暖降温方式，解决学校的取暖降温问题，并在乡镇财政极度紧张的情况下，通过公开招标，投入近五百元为德平镇中心小学建设空气源热泵冷暖中央空调机组，实现了当年建设、当年启用，创造性地首创了农村无暖源学校集中采暖降温新模式，被主流媒体公开报道。

（二）建立内外互通，构造社会支撑

为保障学校教育工作的顺利运行，我们非常重视与学校驻地相关部门的协调配合和配合助力，形成了齐抓共管的教育合力。每一个关键的时间节点，当地派出所、交警中队都派出专门警力进行护学活动和普法讲座。每个学期，县委政法委、镇卫健办、中心卫生院、市场监管所等部门都会对学生进行关于法制观念、卫生保健、心理健康、食品安全等方面的专业知识宣教培训，形成了齐抓共管的教育发展大格局。

　　德平镇是县域内教育发展体系最健全的乡镇，形成了学前教育、小学教育、初中教育（县直初中临邑县第二中学距德平镇中心小学不足2公里）和高中段教育（临邑县职业中专距德平镇中心小学直线距离500米）齐全的教育大环境，如何有效利用镇域整体资源优势，形成相互支撑、共同发展的良好格局，成为我们推进学校良性发展的深度思考。对于我校小学毕业生输出单位的初中教育学校——临邑县第二中学，我们强化了教育教学衔接和主题活动整体推进方式，进行梯度成长合作与交流，率先在全县打破县直学校与同镇域小学相互封闭、各自为战的格局，联合举办了全民运动会、篮球赛、教师基本功大赛、共享教育资源和教育教学联合研训等活动，拉近了中小学教师队伍的情感，形成了中小学教育教学体系的衔接与推进，形成了中小学教育教学一体化推进建设。

　　对于坐落于我镇且与我们学校紧邻的我县唯一一所功能齐全、职业教育专业设置和设施设备完备的高标准职业中专，建设有与我们的乡土文化教育和劳动教育、综合实践教学相联系的实训场所，为我们开展多元融合、研训一体的教育教学带来了全新的教育资源。在与临邑县职业中专钟瑞修校长洽谈沟通之下，我们达成了合作育人的共识，得到了临邑县职业中专对我校拓展教育教学资源支持，我校在临邑县职业中专设立了劳动与综合实践研训实践基地，进行实景式体验教学。在职业中专的餐饮实训基地，孩子们观摩哥哥姐姐们的厨艺，亲自操作菜品制作过程，欣赏糕点制作流程，配制制作糕点、学习裱花，计算成本，训练财商。在工业机器人和电子商务的实训场所，孩子们感受科技的魅力，与哥哥姐姐们进行愉快的交流，并尝试进行编程和电脑绘画的实操练习，学习与生活、现在与未来，在联合研训的过程中形成了有机的连接。

　　对于农业大镇的孩子来说，了解农耕文化，就是了解祖祖辈辈生活的这块热土，实践农耕文明，是最好的生活体验和成长。为让孩子们真正形成与生活的连接，形成对农耕文明发展的深度认知，形成深厚的家国情怀，建立对粮食安全的初步意识，我们与全国人大代表、山东粮王魏德东联系沟通，在其创办的富民农场建设起了全县第一处青少年社会实践基地，进行农耕文明课程研究与实践，将学科学习生活化落到了最实处，并帮助富民农场建立了德州市中小学生研学实践基地，面向全市开放展示，形成了学校与社会共同打造教育教学环境的良好局面。

用好社会资源，为学校发展、师生幸福助力，是我们在办学中的重要思路。针对学校激励机制需要，我们在德平镇党委政府的支持协调下，联系本土企业——德平镇建筑安装工程有限公司，筹措资金建立了教师奖励基金和学生励志奖学金，用于奖励做出突出贡献的老师和家庭贫困且品学兼优的学生，温暖了老师、激励了学生，形成了尊师重教的良好氛围。

（三）创建成长平台，推动提质增效

对于长期从事教育工作的教师来说，日趋繁琐的教育工作任务、来自社会和家庭对教育越来越高的期望值和越来越苛刻的要求，加之年龄的增长和身体健康状况带来的压力，极易陷入职业倦怠的泥潭。对于长期在农村任教，资源和条件相对缺乏的乡村教师群体来说，这个问题尤为严重。如何破解这种职业倦怠带来的学校管理严厉，坚定老师们乐于从教的信念、提升勤于从教的动力、加强终身从教的信心，成为我们不得不认真面对，并为之不懈努力的工作重点。

从某种意义上讲，师德首先体现在师能，只有让老师们形成成长力，增长教育智慧，提高从教能力，才能形成乐于从教、幸福从教的良好氛围，才能真正实现立德树人、提质增效的目的。因此，如何让老师们增强从事教育教学工作的责任感和幸福感，便成为我们如何提升老师们的教育智慧，提供助力教师成长的平台的出发点。

为实现教师成长梯队建设，我们首先实行了教育干部教师队伍专业学习成长学习共同体体制建设，以"读写慧"教师专业阅读成长共同体为龙头，联通杭州师范大学"千课万人"高端研修平台、山东省基础教育课程研究中心和齐鲁名校长培养工程人选小学三组成员学校和"李升勇齐鲁名校长领航工作室"，以及新教育网师学习中心，引领学校教师增强终身学习意识，立足田野式实践研究，形成广阔的教育视野。

在统一形成专业成长共同体建设的过程中，我们非常重视老中青教师的互帮互学机制的构建，以"党员青蓝工程""互助青蓝工程"为主渠道，倡导教师间互教互学，充分发挥老教师经验丰富、沉稳老练的传帮带作用和青年教师精力旺盛、思想活跃、现代教育技术运用熟练的优势，形成工作和学习中的优势互补、相互促进，增强了教师队伍凝聚力和向心力。

除了内部的专业成长推进之外，我们通过联合组建临邑县城北部五乡镇共同成立的"校级专研"临北共同体，通过参加校际互访、同课异构、联合教研、主题研训等活动，建立起与周边乡镇的联结，从身边榜样身上汲取成长动力，增长自身学习力和成长力。

四、共情式合作，全景式育人

习近平总书记指出，"家庭是人生的第一个课堂，父母是孩子的第一任老师"。朱永新教授在接受中国网关于家庭重要性的采访时如此主张："家庭教育的重要性绝不亚于学校教育。"新教育研究院院长李镇西老师也提出了"学校教育非常重要，但无论多么重要，都只是家庭教育的重要补充。"的重要观点。孟母三迁、岳母刺字、钱氏家族、曾氏家族的家风传承，无不显示了家庭教育对于一个人、对于一个家族的兴旺的重要性。

然而，让人不容忽视的是，随着优秀传统文化的长期弱化，以及家庭教育重视程度和隔代教育的增多、家庭教育理念的缺失，家庭教育与学校教育的脱离，甚至是背离，导致了令人扼腕的"5+2=0"这样的学校教育乏力的现象。老师们苦口婆心进行的交通安全教育，在家长带着孩子闯红灯的行动中，被冲刷得无影无踪。一次次地引发告知书，一次次的转发安全教育视频，一堂堂生动形象的防溺水安全课，一天天几乎是掐着耳朵的叮咛，在家长带着孩子一次野河边的钓鱼之乐，完全消弭。所以，有人提出，教育学生要先从教育家长做起。如何与学生家长形成有效的沟通，让家长成为学校教育的同盟军，实现家校协同的有效管理体制，对于我们留守儿童隔代教育比例超高、乡土优秀文化日趋衰落的乡村学校来说，显得更为迫切。因此，尝试形成家校协同的学校教育管理方式，寻求建立有效的家校合作机制，便成为我们落实学校教育教学管理理念，打造知行合一教育成长模式的必然选择。

（一）家校互通，形成育人共识

要形成学校教育与家庭教育的和谐统一，就必须让家长了解学校、理解学校，形成对学校教育的正确认识。因此，我们在充分调查研究的基础上，提出了"敞开大门办学"的教育教学管理理念。所谓"敞开大门办学"，并不是要天天敞着校门，而是说要将我们的日常学校教育教学管理置于广大家长视线之下，让学生家长看到我们真实的日常教育教学管理与实践。具体的做法就是建立家委会驻校观察和家长入校一日体验活动，也就是按照家委会的统一安排，家长在提前预约的情况下，可以自己选择学校的工作日时间，亲自参与学校自早晨入学到下午延时服务结束的学校教育教学管理全时空驻校观摩过程。在这期间，入校家长可以进入所有学校管理的场所、教师授课的课堂和学生实践的过程，体验学校管理的细节与流程，与学校老师进行深度的交流，感受学校教育的氛围与付出。通过这样的观察与体验，家长们充分理解了学校和老师们的艰辛与奉献，也反思了自己对孩子教育管理中的问题，形成了理解学校教育的情感和积极配合学校教育的行动。

（二）家校合作，打通常态沟通

有了对教育的共识，仅仅是完成了感性上的初步认识，并不能完全解决家庭教育与学校教育的协同配合问题。随着时间的推移，短暂的情感认同仍然会被临时形成的对学校教育工作的不理解形成矛盾与冲突。因此，要解决家校协同教育管理的问题，仍然需要不断地推进常态化的沟通交流，不断推动形成新的共识。可以说，家校形成合力的问题，绝不是可以寄望于毕其功于一役的。因此，创新性地开展常态沟通，就成为我们对这项工作的推进要求。

　　为实现更加密切的家校合作联系，我们进一步将家长委员会为主主体的家校合作，变革为家长代表大会制度，由原来的配合学校做工作，进而发展为学校教育教学工作的同盟军。于是，如何建设具有地域特色的乡村优质学校、开展乡土文化课程教育、学校重大事件与决策等重要议题，不再仅仅是学校自己的事情，而是同样成为学校家长代表大会讨论的议题，学校的发展不再仅仅是学校师生需要思考的问题，也同样成为凝聚家长对学校教育的发展愿景。在这样的氛围下，家长再也不是学校教育发展的旁观者和评判者，而是成为其中重要的参与者与推进者。家校互访、志愿服务等行动成为家庭与学校共同打造孩子未来的携手工程。譬如说我们在新校建成投入使用后，在放学时间与方向安排上实行的是按班级进行校门口双向分流，尽管采取了分学段、分时段放学的办法，但是长时间出现拥堵问题。在与家长志愿者进行护学行动时，我们通过与部分家长交流，发现按班级分流虽然时间间隔较长，但是接送孩子的家长是按照家的方向进行接送，安排在东边接，可能仍然有相当部分家长家在西边，不想绕着走，而直接在校门口形成新的双向交叉，再加上有的家庭有两三个孩子上学，分布在不同的学段，接送时间的间隔越长，积压的人员越多，交叉造成拥堵的可能性越大，所以尽管我们的值班人员反复强调，仍然解决不了拥堵的问题。在了解到事情的真实情况后，我们采纳了家长的建议，采用按方向进行班级学生路队疏散的方式，尽管看起来一个班分成了两部分，好像增加了工作量，却实现了接送时间大幅度缩减，交通保持通畅的良好效果。而学生家长也主动形成了相互提醒维持秩序，坚持在接送线以外主动按顺序接送的良好习惯，受到了周边群众的赞誉。

（三）家校共育，营造科学管理

与加强家校间的沟通了解和情感互通相比，家校联系之间最大的价值，在于形成科学的教育教学理念的传递和科学的家庭教育方法与策略的指导与引领。基于以上认识，我们建立了"家庭教育微讲坛""优秀班主任微讲座"和"家庭教育大家谈"互动活动项目，不定期进行关于家庭教育的主体阅读、主题讲座和互动交流活动，将先进的家庭教育理念、科学的家庭教育方式方法传递给家长，达成了学校教育与家庭教育理念和行为的一致性和融通性。

所谓"家庭教育微讲坛"，就是我们通过每学期两次的家长会和每月一次的学校开放日进行固定的家庭教育专家微讲座，每次讲座一个专题，讲座内容以国内外著名的心理学、教育科学、家庭教育学专家的视频讲座和班级家长研讨为主要形式举办，主要解决从家长中收集到的热点难点问题。

"优秀班主任微讲座"则以家长与班主任沟通中出现的对孩子教育管理的互动话题为主要议题，每周由学校优秀班主任和国内知名班主任的讲座视频为主要内容，发布在班级家长微信群，进行针对性的指导与讨论，形成对家庭教育与学校教育协同发展的共识和策略方法。

"家庭教育大家谈"，主要以优秀家长的成功家庭教育经验分享和家庭教育教训分析为主要内容，是家长通过参与学校组织的专题家庭教育培训和班主任家庭教育指导，进行讨论交流后的反思反馈，以及对家庭教育效果的深度思考与改进形成的家庭教育理念和方法，是现身说法式的实践成果与研究。

通过这样的家校交流与合作，达成了学校与家庭之间、教师与家长之间的相互信任与坦诚交流，化解了由不了解、不理解带来的隔阂与矛盾，真正形成了家校合作的科学管理。

（四）家校支撑，建立成长同盟

有了了解与理解，有了情感上的共鸣与方式方法上的和谐统一，家长对学校的工作有了进一步的认识和信任，对于支持学校开展教育教学工作、实现全面育人的理念与行动进一步坚定，家庭与学校、教师与家长同步成长、共同进步就有了坚实的相互支撑。

在家校共建的过程中，学校对家庭教育、亲子互动、作业管理、习惯养成等方面进行了系统的系列化指导，家长则经常进入学校，了解学校发展状况，协同处理学校问题，进行上放学护学执勤、开展公益技能讲座、参与学校重大决策、协助学校进行食宿管理评价等活动，真正形成了同心同德、共同促进的家校教育一体化建设。

附件一：白麟之歌

白麟之歌

自豪地

千年　古　镇里　葛　老野　之乡望　白麟　儒风　文脉　徜徉　这里　美将
祢衡　故　故重　东　鲁壤　梦特　孝德　康花　和化　送兴　明识　有之在
国德　平　歌行　齐　遗望　非成　萱术　社创　彩绽　乐快　知年　我风这
习惯　银　　　　德　　长　　科　技　新　力　翔　童　刻　下　习中深

这　里　孕育　美好　的理　想　　啊　白麟小　学　我们光辉起
我　在　在这　里健　康理　成长　　　　　　　　　　　　　　　　
梦　想　这这　里里　扬心　起航　　　　　　　　　　　　　　　　
传统　文化　在这　让放　帆田　梦想　　　　　　　　　　　　　　
未来　在这　里　放飞　　　　　　　　　　　　　　　　　　　　　

铸　就我们　心灵的　港湾　心灵的港　湾　　啊　　白麟

我们　可爱的校　园　　今天我们　抛洒　汗水明朝

215

附件二：白麟小学之歌

白麟小学之歌

作词 刘天庆
作曲 徐 辉

古井水 蕴含 千年儒风 汉砖铭刻先人的

叮咛 小树苗昂扬 在悠悠古镇 那是我们活泼的 身影

活泼的身影 且 听春雨沙沙 润物细无 声 且 听书声

朗朗 少年正长 成 青 青子衿锦绣 了 美丽德 平

悠悠我 心奔向 美 好 前程

美 好 前 程